중국인, 천의 얼굴

중국인, 천의 얼굴

초판 1쇄 펴낸날 2015년 11월 10일

지은이 강성현
펴낸이 이상규
편집인 김훈태
디자인 엄혜리
마케팅 김선곤

펴낸곳 이상미디어
등록번호 209-06-98501
등록일자 2008. 09. 30
주소 서울시 성북구 정릉동 667-1 4층
대표전화 02-913-8888
팩스 02-913-7711
e-mail leesangbooks@gmail.com

ISBN 979-11-5893-005-9 03910

● 강성현 지음

13억 중국인의
속내와 민낯을 파헤친
종횡무진 인물 열전

중국인,
천의 얼굴

이상

우리는 저마다 좁은 잣대로 중국인에 대한 생각을 피력한다. 그러나 대부분 편견에 불과하다. 그 생각들을 모아보면 대체로 이렇다. '중국인은 돈만 안다. 중국인은 음흉하고 속임수에 능하다. 중국인은 더럽고 게으르다. 중국인은 정확하지 못하고 신용이 없다. 중국인은 무질서하다. 중국인은 나약하다. 중국인은 착하고 인정이 많다. 북방인은 호탕하고 남방인은 인색하다.'

이처럼 우리는 여전히 중국인에 대한 무지와 편견에 사로잡혀 있다. 게다가 중국인의 참모습을 이해하려는 노력 또한 부족하다. 오늘날의 중국인을 보다 바르게 이해하려면 역사에 획을 그은 다양한 인물들의 면모를 들여다볼 필요가 있다.

중국 서점가를 거닐다 보면《중국명인 백전中國名人 百傳》등과 유사한 서적이 봇물을 이룬다. 대부분 역사적 인물에 대한 미화와 찬양 일변도여서 몇 쪽을 넘기다 보면 금방 식상하고 만다.

국내 대형 서점의 중국 관련 코너를 돌아보면 중국 인물을 다룬 서적이 다수 눈에 띈다.《4천년 중국사를 만든 중국인 이야기》,《중국사를 움직인 100인》,《중국인물 열전》,《권력의 숨은 법칙》,《권력규칙》《용인술의 달인들》 등이 그것이다. 이 서적들 또한 한정된 지면에 많은 인물들의 이야기를 수록하다 보니 허술하기 그지없다.

긴 세월 동안 중국과 중국인에 집착해온 필자 또한 '중국인 이야기'를 써보고 싶은 열정이 한동안 식지 않았다. 이 무렵, 애석하게도 비슷한 종류의 책이 시차를 두고 여러 권 출판돼 꽤 낙심했다. 김명호의《중국인 이야기》, 김정현의《중국인 이야기》 등이 그것이다. 한 동안 펜을 던져버리고 중국인 이야기에 대한 미련을 버렸다. 우여곡절 끝에 다시 펜을 들고 중국 역사 속 인물에 대한 외롭고도 기나긴 탐방을 시작했다.

《중국인, 천의 얼굴》이 산고 끝에 마침내 빛을 보게 됐다. 순전히 필자 임의로 모두 25인을 선정했다. 선인이든 악인이든 간에 25인 모두 역사의 한 페이지를 장식한 인물들이다.

25인을 선정하는 작업은 결코 쉽지 않았다. 먼저 고대로부터 21세기를 살다간 인물, 100여명을 골랐다. 이른바 필생의 업을 삼아 '중국 인물 열전 시리즈'를 써보고 싶었기 때문이다. 100여 명 가운데 시대를 무시하여 그 때 그 때 영감이 떠오르는 인물부터 한 사람 한 사람 써나가기 시작했다.

《중국인, 천의 얼굴》은 고뇌하는 지식인, 선각자, 강직한 선비, 농민 혁명가, 여걸, 희대의 폭군·탐관·간신, 처세의 달인, 고발정신이 충만한 여류 작가, 귀촌을 갈구한 시인, 장사의 신商神 등 다양한 인물들을 다루었다.

이들 대부분은 돈과 권력, 명예라는 굴레에 갇혀 일평생을 허우적거렸다. 이 책에는 탐욕스럽고 추악한 중국인의 모습, 이상과 현실 사이에서 고뇌하는 비판적 중국인의 모습, 진실을 추구하다 요절한 이상적인 중국인의 모습이 고스란히 담겨 있다.

굳이 온고지신이나 고인과의 대화라는 표현을 들먹이지 않더라도 5천년 중국 역사 속에 등장한 25인에 대한 이야기는 현대를 살아가는 13억 중국인의 면면을 이해하는 단초가 되리라 믿는다.

두문불출하며 지난 해 봄부터 집필을 시작했으니, 책이 출간되기까지 꼬박 1년 반이 걸린 셈이다. 책이 나오기까지 많은 사람들에게 빚을 졌다. 비슷한 책들이 범람하여 '중국인 이야기'에 관한 글쓰기를 접을 무렵 이 책을 출간한 이상미디어를 만난 것은 필자에게 행운이었다. 출판을 허락하고 졸고가 나오기까지 오래도록 너그러운 마음으로 기다려준 이상 미디어에 거듭 고마운 마음을 전하고 싶다.

2015. 10. 안성에서

우조愚釣 강성현

차례

I

공자孔子는 성인인가,
기회주의자인가?

어느 날 아침, 텅 빈 숙소에 홀로 앉아 무심코 TV를 켜니, 두메산골 허름한 교실에서 코흘리개 아이들이 목청을 높여 논어의 구절을 낭독하는 모습이 비친다. "즈즈웨이즈즈, 부즈웨이부즈, 스즈이에知之为知之, 不知为不知, 是知(智)也."

과연 공자의 후예답다. 《논어》 위정〈爲政〉편에 나오는 구절이다. '아는 것은 안다고 하고, 모르는 것은 모른다고 하는 것'이야말로 가르치는 자들이 본받아야 할 바른 자세다. 굳이 노자의 말을 빌리지 않더라도, 유한한 인간이 무한한 '앎의 세계'를 궁구하는 것은 위태로울 뿐이다. 지식인이 겸손해야 할 이유가 여기에 있다.

오늘날 중국인의 생각과 생활양식에 지대한 영향을 미치고 있는 공자는 실제로 어떤 삶을 살았을까? 공자는 한동안 '상갓집 개喪家之狗'로 살아야 했다. 상갓집 개란 의지할 곳 없이 개처럼 여기저기 떠도는 처량한 신세를 말한다. 14년 동안 열국을 떠돌던 공자에게 붙여진 별명이다. 어느 누가 이런 불멸의 별명을 붙여 주었을까?

정鄭나라 사람이 자공에게 말했다. "동문에 어떤 사람이 있는데, 이마는 요堯 임금을 닮았고, 목은 고요皐陶와 흡사하며, 어깨는 자산子產과 비슷하다. 그러나 허리 아래는 우禹 임금에 세 치 못 미친다. 몹시 지친 것이 마치 상갓집 개와 같다." 자공子貢이 이 사실을 공자에게 아뢰자, 공자는 씩 웃으며 말했다. "외양은 꼭 그렇지 않지만 '상갓집 개' 같다고 말한 것은 그렇다! 정말 그렇다!"[1]

일이 제대로 안 풀리고 가끔 소외를 느낄 때마다 '상갓집 개' 공자를 떠올리면 늘 위로가 되었다. 어릴 적 듣고 배운 공자는 인류의 스승이요, '성인' 그 자체였다. 세월이 흐르자 공자에 대한 생각도 많이 바뀌었다. 그도 이 나라 저 나라를 기웃거리며, 벼슬을 갈망한 '속물'이라는 생각이 들면서 오히려 친근감마저 느꼈다.

공자(기원전 551~479)는 춘추시대 노나라 추읍陬邑, 지금의 산동성 곡부曲阜에서 태어났다. 그의 탄생과 관련하여 무수한 전설이 존재한다. 부친 숙량흘叔梁紇(기원전 622~549)은 슬하에 딸 아홉과 맹피孟皮라는 이름의 절름발이 아들이 있었다. 이에 만족하지 않고 70이 넘은 나이에, 손녀 뻘인 15~16세의 안징재顔徵在를 맞아 아들을 낳으니 그가 바로 공자다. 공자는 요즘에도 보기 드문 늦둥이 중의 늦둥이였다. 부친은 공자가 세 살 때 세상을 떴다. 공자는 학문에 전념했으며 귀족뿐만 아니라 평민에게도 공부를 가르쳤다.

50대에 들어선 공자는 중도재中都宰(중도 땅의 관할관) , 사공司空(토목
·건설 책임자) , 대사구大司寇라는 요직에 올랐다. 대사구는 오늘날 법무
장관급에 해당하는 고위직이다. 그러나 이후 노나라 정공定公의 실정에
환멸을 느낀 공자는 50대 중반의 나이에 노나라를 떠난다. 무려 14년 동
안 제자들을 이끌고, 진陳·채蔡·송宋·조曹·위衛·정鄭·초楚 등을 유랑
하며 벼슬을 구하고자 했다. 이른바 공자의 '주유천하周遊天下'이다. 그러
나 그를 써주는 나라는 단 한 곳도 없었다. 때로는 식량이 떨어져 어려움
을 겪었고, 죽을 고비도 여러 번 넘겼다.

결국 70이 다 된 나이에 고국 노나라로 돌아와 제자들을 가르쳤으며
73세에 타계했다. 제자가 무려 3000명에 이르렀다. 공자는 날 때부터 모
든 것을 깨우친 인물로 알려져 있다. 그가 남긴《논어》는 시대를 초월하
여 널리 읽히는 고전이 되었다.

유교는 황제체제를 유지하는 사상적 기초를 제공했다. 위정자들은 필
요에 따라 공자를 받들기도 하고, 방해가 되면 용도 폐기했다. 한 무제는
공자를 활용했고 마오쩌둥은 내쳤다. 공자를 대표로 하는 유가는 원래
제자백가의 한 유파였다. 그러다가 한 무제에 이르러 동중서의 건의를
받아들여 유교를 국교로 받들었다.

5.4 운동 당시 차이위안페이蔡元培(1868~1940), 루쉰을 비롯한 지식인
은 신격화한 공자와 봉건 통치 질서로서의 유교이념을 철저히 배격했다.
차이위안페이는 교육부장관 시절, 〈교육개혁령〉을 반포하여 초등 교과
과정에서 경전 강독을 없앴다. 아울러 각급 학교에서 시행되던 '공자 제

례의식'을 폐지했다.

루쉰은 〈타도공자점打倒孔家店〉에서 '공맹孔孟의 도'는 사람이 사람을 잡아먹는 도吃人之道라며 맹공을 가했다. 아울러 맹목적인 충과 효를 강조하는 낡은 교육, 경전을 암송하는 '노예교육'에서 속히 벗어날 것을 주장했다. 이들에게 있어서 공자는 타도해야 할 구시대와 구질서의 상징이었다.

공자는 마오쩌둥에 의해 또 한 번 수난을 겪었다. 마오쩌둥의 암살을 기도했던 임표는 평소 극기복례克己復禮, 살신성인殺身成仁 등 논어의 구절에 심취했던 것 같다. 이로 인해 가만히 잠자던 공자에게 불똥이 튀었다. 역대 반동 지배계급은 모두 공자를 받드는 존공파尊孔派였다며, 공자를 부정하는 운동을 벌였다. 이른바 '비림비공批林批孔 운동'이다. 이 때 공자의 유적과 공자를 모신 사당 등이 대대적으로 훼손됐다. 상갓집 개 공자의 슬픈 운명이 다시 한 번 찾아온 것이다.

오늘날 중국은 죽은 공자를 다시 살려내 중화 민족주의를 한껏 부추기고 있다. 전 세계에 날로 확산되는 '공자 학원'이 바로 그 생생한 예다. 베이징 사범대학 교수 위단于丹은 중앙방송이 후원하는 '백가강단百家講壇'에서 《논어》를 강의하여 일약 스타덤에 올랐다. 《논어》 대중화에 기여했고 공자 숭배에 단단히 한 몫을 했다. 위단이 쓴 《논어심득論語心得》은 베스트셀러가 되었다.

반면에 공자를 '교활한 기회주의자'로 몰아 독설을 퍼부은 인물이 있다. 바로 인권운동가요, 노벨평화상 수상자로 널리 알려진 류샤오보刘晓波다. 2011년 국내에 번역 소개된 《류샤오보, 중국을 말하다》에 29편의 글이 실려 있다. 그 가운데 〈상갓집 개, 문지기 개가 되다〉에서 공자에 대한 일부 지식인의 평가를 정리하고 자신의 견해를 밝혔다. 먼저 '공자 홍보대사'로 발 벗고 나선 위단에 대해 공격의 화살을 날렸다.

"위단은 대중에게 영합하는 천박한 강의를 하는 것도 모자라, 공자를 자기 마음대로 분석하고는 '유교 부흥'을 선도하고 있다. 위단은 '어떠한 일을 겪든 원망하지 않고 참고 견디면 삶이 편안하고 행복해질 수 있다는 것이 《논어》의 핵심'이라고 했다."

영어圖圖의 몸인 그로서는, 중국 정부의 후원 아래 돈방석에 앉아 공자를 찬양하는 위단이 가증스러웠을지도 모른다. 또 류샤오보는 베이징 대학 리링李零 교수의 글 〈상갓집 개 : 나는 논어를 읽는다喪家狗 : 我讀 '論語'〉에 깊은 공감을 표한다. 리링 교수의 글을 일부 옮겨보자.

공자는 돈키호테와 같은 사람이었다고 말하는 게 가장 적합할 것이다. …역대 제왕이 찬양한 공자는 진짜 공자가 아니다. 진정한 공자는 성인 도 아니며 왕도를 추구한 인물도 아니었다. …공자는 고전을 사랑하고 배움을 즐기며 교육에 열성적이었다. 공자는 때로는 무력했으며 초조하고 불안해하기도 했다. 방랑하는 개처럼 정처없이 떠돌아다니던 공자가 진짜 공자의 모습이었다.

이번에는 공자에 대한 류샤오보의 독설을 한 번 들어보자.

공자가 열국을 주유한 것은 권력자에게 등용될 수 있는 안식처를 찾기 위해서였다. 공자는 제왕의 스승이 되고 싶었지만 꿈을 이루지 못했고 권력에 등용되지 못한 상갓집 개가 되고 말았다. 만일 공자가 당시 그를 등용해줄 제왕을 만났다면 공자 역시 권력의 '문지기 개'로 전락했을지도 모른다.

그의 독설은 여기에 그치지 않는다.

장자와 비교하면, 초탈, 상상력, 호방한 언어, 세속에 물들지 않은 철학적 지혜와 문학적 재능이 현저히 부족했고 인류의 비극에 대한 확고한 의식마저 없었다. 맹자와 비교하면 대장부의 기개와 패기가 부족하고 권력 앞에서 자존심을 지키지 못했다. 한비자와 비교하면 공자는 위선적이고 교활하며 직설적이지 못하다. 묵자와 비교하면 평등을 이상으로 하는 도덕적 규율을 간과했다. …교활하며 미적 영혼과 철학적 깊이도 없을뿐더러 고귀한 인격, 넓은 도량과 지혜가 부족한 사람이었다. 공자는 정치가들을 찾아다니다가 실패하자 결국 도덕의 교주가 됐다.
그가 스승 되길 좋아하고, 스승을 자처했던 것은 거만하고 천박한 인격에서 비롯된 것이다. 공자는 태평할 때 세상에 나오고 난세에 숨는 처세의 대가였고 전형적인 기회주의자였다. 가장 교활하고 가장 실리적이며, 가장 세속적이고 가장 무책임한 정신의 소유자인 공자가, 수천 년을 이어온 중화민족의 성인이자 모범이라는 것이 안타까울 따름이다.

류샤오보는 공자를 '기회주의자'의 전형으로 폄하하는 데 주저하지 않았다. 이러니 공자 신봉자들의 공분을 사기에 충분하다. 그가 독설을 퍼붓는 데는 어느 정도 근거가 있다. 기록에 의하면, 공자가 많은 나라를 떠돌며 벼슬에 집착하는 모습이 여러 차례 드러난다. 심지어는 반란을 일으켜 득세한 공산불뉴公山不狃, 필힐佛肹이 초빙해도 기꺼이 달려가려고 했다. 길에서 우연히 만난 여러 은자들이 그의 이런 모습을 보고 조롱하거나 애석하게 여겼다. 초나라의 광인 접여接輿는 벼슬길이 위태하다며 극구 만류했다. 물론 이런 몇 가지 이유만으로 공자를 '교활한 기회주의자'로 몰아붙여서는 공자의 진면목을 알 수 없다.

한편, 한국에도 공자 논쟁이 있어 왔으며, 늘 재연될 소지를 안고 있다. 김경일은《공자가 죽어야 나라가 산다》에서 유교의 폐해를 신랄하게 지적하며, 유교의 종언을 고했다.

"이방인의 문화는 조선 왕실의 통치 이데올로기가 되어 우리의 삶 속으로 들어왔다. 그리고 그것은 사농공상으로 대표되는 신분사회, 토론 부재를 낳은 가부장의식, 위선을 부추기는 군자의 논리, 스승의 권위 강조로 인한 창의성 말살 교육 따위의 문제점들을 오늘날까지 지속시키고 있다. …유교의 유효기간은 이제 끝난 것이다."

반대로 최병철은《공자가 살아야 나라가 산다》에서 위의 책을 준엄하게 성토했다.

"최근《공자가 죽어야 나라가 산다》는 책을 읽으니 막가는 한국 사회의 단면을 보는 듯하다. …빗나간 화살로는 공자를 죽일 수 없다."

그는 유교의 유효기간은 아직 끝나지 않았으며, 유교는 '선택이 아니라 필연'이라고 강변한다. 그 이유로 공자의 향학열, 절망을 모르는 정신, 사랑의 실천자, 뉘우칠 줄 아는 인물 등 네 가지를 들어 공자를 두둔했다. 논리가 다소 박약하다.

한국에서나 중국에서나 '공자님'은 죽어서도 바람 잘 날이 없다. 동서고금을 막론하고 지식인이 밥, 벼슬, 명예를 초탈하여 꿈을 펼치기란 쉽지 않다. 공자는 성인도, 교활한 기회주의자도 아니다. 공자 자신도 인정했듯이, 때를 못 만나 뜻을 이루지 못하고 방황하는 '상갓집 개'라는 표현이 가장 사실에 가깝다. 이제 공자를 벼슬과 학문을 통해 사회에 기여하려 했던 고뇌하는 지식인의 모습으로 되돌려 놓아야 할 것이다.

2

물러날 때를 알아
화를 면한 범려范蠡

어느 해 무더운 여름, 허난성 난양南陽에서 중국인 친구에 이끌려 래 프팅을 했다. 우리나라 인제 내린천, 정선 동강처럼 산수가 수려했다. 난 양은 초나라 시절, 완 땅宛地이라 불렸다. 이곳은 월 왕 구천句踐의 책사 이자 군사 전략가, 상인의 전설로 널리 알려진 범려(기원전 536~448)의 고향이다.

범려[1]는 공자와 비슷한 시기인 춘추시대 말기를 살다 갔다. 중국인은 그를 매우 신비스런 인물로 기억한다. 평민 출신으로서 비상한 두뇌와 자유분방한 기질을 지녔다. 범려와 월 왕 구천을 말할 때, 먼저 살펴봐야 할 인물이 문종文種이다.

문종은 《사기》 등에 보면, 대부 종大夫 種으로도 알려져 있다. 그는 초나라 완 땅의 지방관이었다. 어느 날 한 마을에 '괴팍한 현자'가 살고 있다는 말을 듣고 수하를 보내 만나보고자 했다. 그러나 현자는 이에 응하지 않았다. 문종은 호기심이 일어 직접 찾아갔으나 그 괴짜는 피하고 만나주지 않았다. 다시 몇 차례 더 찾아갔다. 이에 감동하여 '광인狂人'은 그를 반갑게 영접했다. 그 광인이 바로 범려였다. 두 사람은 만나자마자 서로를 알아보았고 이내 흉금을 털어놓는 사이가 됐다. 둘은 새로운 기회를 모색하다 월나라로 들어가서 월 왕 윤상允常을 받들었다. 그가 죽자 그의 아들 구천을 섬겼다. 구천은 두 사람을 신임하고 중용했다.

당시의 시대 배경을 헤아려보자. 오 왕 합려闔閭가 구천과의 전쟁에서 패한 뒤 입은 부상이 악화되어 죽었다. 아들 부차는 섶에 누워 구천을 기억하며 복수의 기회를 노렸다. 오 왕 부차가 월나라를 공격하려 한다는 첩보를 입수한 구천이 선제공격에 나섰다. 시기가 적절치 않다며 범려가 적극 만류했으나 듣지 않았다. 결국 구천은 회계산(저장성 사오싱紹興)에서 대패하여 고립무원의 지경에 이르렀다.

이에 범려·문종의 의견을 받아들여 강화를 모색했고 강화 사절로 문종을 보냈다. 강화 협상이 여의치 않자 문종은 기지를 발휘하여 오나라 재상인 간신 백비伯嚭를 끌어들였다. 그를 재물과 미녀로 유혹하여 상황을 반전시켰다. 오 왕 앞에서 머리를 조아리며 강화를 성사시킨 문종의 활약은 눈부시다.

원하옵건대 대왕께서는 부디 구천의 죄를 용서해 주십시오. 그 대가로 월나라의 진귀한 보물을 모두 바치겠습니다. 불행하게도 대왕이 용서하지 않는다면, 구천은 그의 처자를 모두 죽이고 그의 보물을 모두 불태운 뒤, 나머지 군사와 더불어 죽음을 무릅쓰고 싸울 것입니다. 그렇게 되면 대왕의 승리 또한 보상할 수 없을 것입니다.[2]

강화의 조건으로 구천이 인질로 끌려가 모진 고초를 겪었다. 이때 범려가 동행하여 어려움을 같이 했다. 문종은 사절에서 돌아와 월나라에 머물며 내치에 힘썼다. 두 사람은 구천의 수족과 다를 바 없었다. 고굉지신股肱之臣(고굉股肱은 다리와 팔을 이르는 말이므로 임금이 자신의 몸처럼 생각하는 소중한 신하란 뜻)이란 이들을 두고 하는 말이다.

3년 동안의 모진 인질 생활을 마치고 구천과 범려는 월 나라로 돌아왔다. 구천은 치욕을 잊지 않으려고 쓸개를 걸어 놓고 수시로 맛을 봤다. 와신상담臥薪嘗膽의 고사는 이렇게 생겨났다. 구천은 식탁에서 고기를 없애고 몸소 밭을 갈며 검소한 생활을 했다. 세월이 흐르자 국토는 기름지고 백성들의 생활이 윤택했다. 국력이 강성하여 다시 중원을 넘볼 정도가 되었다. 문종은 구천에게 오나라를 멸할 일곱 가지 계책을 제시했다.

- 오 왕과 권신들에게 값진 보물을 현상하여 환심을 살 것
- 오나라의 양식과 각종 물자를 사들여 국고를 텅 비게 할 것
- 미녀를 바쳐 오 왕을 미혹시킬 것
- 오 왕에게 장인匠人들을 보내 왕궁 건설에 재력을 소모하게 할 것
- 아첨배들을 오 왕의 모신謀臣으로 삼도록 할 것
- 군신관계를 이간시켜 오 왕이 충신을 죽이도록 할 것

- 월나라는 재물을 축적하고 군사를 양성해 적절한 시기에 오나라를 공격할 것[3]

오래 참으며 때를 기다렸던 구천은 즉각 문종의 계책을 받아들여 시행에 옮겼다. 한편, 오 왕 부차는 내치를 소홀히 하고 제나라를 공격하는 등 영토 확장에 국력을 소모했다. 오의 국력이 쇠약해진 틈을 타 구천은 공격을 감행했다. 장장 6년에 걸친 격전 끝에 오의 수도를 점령했다. 부차가 투항의 뜻을 전하고 화의를 요청하자, 범려는 부차를 살려주는 것은 천리를 거스르는 일이라며 단호히 반대했다. 결국 부차는 자결하고 오나라는 멸망했다. 여세를 몰아 상장군上將軍 범려가 군사를 이끌고 회수 북쪽까지 진격하자, 초·제나라 등 중원의 패권을 노렸던 강자들이 앞다퉈 무릎을 꿇었다. 마침내 구천은 중원의 패자霸者가 되었다. 범려의 공명은 하늘을 찌를 듯했다. 문종도 일등공신이 됐다.

《사기》에 따르면, 구천이 복수의 마음을 품어 오나라를 격파하고 부차가 자결하기까지 무려 22년이 걸렸다고 한다. '군자의 복수는 10년도 늦지 않다君子報仇, 十年不晩'는 말은 이래서 생겨난 것이 아닐까. 논공행상이 시작됐으나 범려는 진퇴가 분명했다. 그가 구천 앞에서 담대하게 피력한 고별의 변을 들어보자.

신하된 자는 군주의 걱정을 덜기 위해 힘쓰고, 군주가 수치를 당하면 기꺼이 목숨을 버려야 한다고 들었습니다. 예전에 군주께서 오나라에서 갖은 수치를 당했을 때 죽지 않은 것은 오직 훗날 복수를 하기 위한 것

이었습니다. 이제 그 의무를 다했으니 자리에서 물러나겠습니다.[4]

구천은 범려의 가솔들을 볼모로 붙잡고 겁박하며 만류했지만, 그는 은밀히 월나라 국경을 넘었다. 범려는 떠나기 전, 문종에게 월나라를 벗어날 것을 촉구하는 편지를 보냈다. 편지의 요지는 이렇다.

새 사냥이 끝나면 좋은 활은 깊숙이 감춰지며, 토끼 사냥을 마치면 사냥개는 주인에게 잡혀 삶아 먹히기 마련이오. 월 왕 구천이란 인물은 목이 길고 주둥이가 새부리처럼 툭 튀어 나왔소. 어려움은 같이 할 수 있어도 부귀영화를 함께 누릴 인물이 아니오. 문종, 자네는 어찌하여 떠나지 않는 것이오?[5]

범려는 철저히 종적을 감춰 구천의 기억에서 멀어졌다. 제나라, 바로 오늘날 산동 땅에 가서 도주공陶朱公이라는 이름으로 농업, 목축업, 상업을 일으켜 거부가 되었다. 가난한 자들과 이웃들에게 재물을 나눠주고 덕을 베풀며 천수를 누렸다. 범려는 '상인의 전설'로 회자되며 중국 상인사商人史에 큰 발자취를 남겼다.

문종은 어떠했는가? 문종은 그의 말을 듣지 않고, 병을 핑계로 물러나 있다가 구천이 내린 검으로 자결했다. 뛰어난 책사였지만 보신保身의 지혜는 부족했다. 애석하게도 물러날 때를 몰라 비참하게 삶을 마감한 것이다.

물러날 때를 몰라 머뭇거리다 비명횡사한 인물은 한 둘이 아니다. 승상 이사李斯는 고향을 그리워했다. 관직에서 물러나면, 고향에 돌아와 아들과 누렁이黃狗를 데리고 토끼 사냥을 떠나려 했다. 그러나 그 꿈을 이루지 못하고 저잣거리에서 아들과 함께 허리가 잘려腰斬 죽고 말았다. 아! 이 얼마나 비극적인 삶인가.

노자의 《도덕경》 제 9장에는 이런 구절이 있다. "공명을 이룬 뒤에 물러남은 하늘의 도이다功成名遂 身退 天之道." 세상 이치가 다 그렇듯이 쓸모없으면 버림받는다. 버림받기 전에 알아서 '철밥통'의 굴레를 빠져나오는 것은 어떨까.

3

새벽 시장과
저녁 시장의 맹상군孟嘗君

중국에 머물 때마다 발이 닳도록 새벽 시장을 들락거렸다. 어릴 적 습관은 타국에서도 버릴 수 없나보다. 새벽 시장의 물건은 채소, 과일, 육류 가릴 것 없이 신선하고 풍성하다. 새벽 시장은 남녀노소, 빈부귀천을 가리지 않는다. 이방인도 반갑게 맞아준다. 그러나 물건이 다 팔리고 사람이 떠나간 뒤의 시장 풍경은 적막하기 그지없다.

전국시대 4공자公子(제후 또는 세도가의 자제)의 한 사람으로 불렸던 제나라 맹상군은, 새벽 시장의 화려함과 저녁 시장의 쓸쓸함을 몸소 겪은 인물이다. 새벽 시장처럼 잘 나가던 시절에는 떡밥에 똥파리 꼬이듯 사람들이 몰려들었다. 맹상군은 빈부귀천을 가리지 않고 다 포용했다. 심지어는 개 흉내 내는 좀도둑이나 닭 울음소리를 잘 내는 천한 사람들도 받아들였다. 이들 덕분에 진秦에 갇혀 있던 맹상군은 함곡관函谷關(지금의 허난성 링바오시靈宝市)을 무사히 빠져나와 가까스로 죽을 고비를 넘겼다. 여기에서 계명구도鷄鳴狗盜라는 해묵은 고사를 새삼스레 들먹이지는 않겠다.

맹상군이 실권을 잃고 쫓겨나자 파장罷場한 것처럼 식객들이 모두 빠져 나갔다. 하루아침에 새벽 시장에서 아무도 거들떠보지 않는 저녁 시장 신세로 전락한 것이다. 맹상군이 실의에 젖어 있을 때 유독 풍환馮驩만이 맹상군과 어려움을 함께하며 그의 곁을 지켰다.

맹상군과 풍환의 일화는《사기》와《전국책戰國策》에 전한다. 풍환이란 인물은《전국책》에서는 풍훤馮諼으로 표기되어 있다. 인간의 흥망성쇠에 빗댄 새벽 시장과 저녁 시장에 관한 예화는, 물러났다가 권좌로 되돌아온 맹상군과 그의 빈객 풍환과의 대화에서 비롯되었다.

맹상군은 전국시대에 크게 세력을 떨친 인물로 생졸연대가 불분명하다. 그는 태어날 때부터 죽음의 문턱을 넘나들었다. 3대에 걸쳐 제나라 왕을 섬겼던 재상 전영田嬰은 1만호에 이르는 설薛 땅을 봉토로 받았다. 그는 슬하에 이미 40여 명의 아들을 두었다. 어느 해 5월 5일 그의 첩이 또 아들을 낳았다. 속설에 의하면, 이 날에 낳은 자식은 자라나 반드시 부모에게 해를 끼친다고 했다. 전영은 이 아이가 불길하다고 여겨 기르지 말고 당장 내다 버리라고 했다. 그러나 첩은 몰래 이 아이를 길렀다. 아이가 자라나 형제들의 노력으로 아버지와 대면했다. 그 자리에서 전영은 아이의 당당한 태도, 지혜롭고 논리정연한 말솜씨에 압도되었고, 그를 예의주시하며 후계자로 점찍어두었다. 그에게 집안일과 손님을 접대하는 일을 맡겼다. 그가 이 일을 맡은 뒤 전영의 집은 찾아오는 빈객들로 문전성시를 이뤘다. 아들의 명성은 자자하여 이웃나라 제후들에게도 전해졌다. 전영이 죽자 이 아들이 아버지의 뒤를 이어 설 땅의 주인이 되었다. 바로 맹상군 전문田文의 일화다.

맹상군은 비록 체구는 마르고 왜소했으나 야심이 크고 영웅적 기질이 있었던 것 같다. 곳간에서 인심난다고 했다. 잘 베풀고 덕이 있는 자에게 사람이 몰리는 것은 당연하다. 몰려드는 빈객들을 맞이하기 위해 맹상군은 큰 집을 짓고 정성을 다해 대접했다. 설 땅에서 거둬들이는 조세 수입만으로 이들을 돌보기에 벅찰 정도였다. 왜 그렇게 빈객을 대접하고 식객을 늘리려고 힘썼는가? 당시에 강대한 진秦나라에 대항하기 위해 제후나 세력가들이 경쟁적으로 학사·책사·방사·술사·협객 등을 모시고 받드는 풍토가 성행했다. 일종의 자구책이라 할 수 있다. 관대한 맹상군에게 어릿광대, 백수건달, 깡패와 같은 어중이떠중이들까지도 몰려들었던 것이다.

풍환은 맹상군이 빈객을 대접하기를 즐겨한다는 말을 들었다. 그는 보잘 것 없는 긴 칼 한 자루를 들고 짚신을 신은 채 맹상군을 찾아갔다. 맹상군은 허름한 숙소에 풍환을 머물게 하고 수하를 시켜 그의 동태를 살피게 했다.

풍환은 반찬에 생선이 없다며 투덜거렸다. 그러자 생선이 나오는 좀더 나은 숙소로 옮겨 주었다. 이번에는 나들이할 수레가 없다고 불평했다. 다시 수레를 마음대로 탈 수 있는 고급 숙소를 마련해주었다. 또 집이 없다고 볼멘소리를 하며 돌아가겠다고 했다. 맹상군은 불쾌했지만 꾹

참았으며 그를 내쫓지는 않았다.

풍환의 요구는 점입가경이다. 《사기열전》에 전하는 위 이야기 외에 《전국책》에 실린 한 가지 내용을 덧붙인다. 풍환에게 노모가 있었다. 풍환은 노모를 돌볼 수 있게 해달라고 요구했다. 노모의 의식주 문제가 해결되자 그는 '불평 타령'을 그쳤다. 원했던 것이 다 이뤄졌던 모양이다. 한유가 〈송맹동야서送孟東野序〉에서 읊은 유명한 말처럼 '사물은 평정을 잃으면 운다物不得其平則鳴'고 했던가.

당시 맹상군은 늘어나는 식객들을 감당하기에 벅차 어쩔 수 없이 봉지인 설 땅 사람들을 대상으로 이자놀이를 했다. 그러나 대부분이 원금을 갚기는커녕 이자조차 내지 못했다. 돈을 거둬들일 적임자를 찾던 중 어떤 사람이, 별다른 재능이 없어 무위도식하던 풍환을 추천했다. 식객들의 눈에 비친 풍환은 비록 나이는 들었지만 용모가 수려했으며 달변가였다.

설 땅에 도달한 풍환은 이자를 10만 전錢이나 거둬들였다. 그리고 이자를 낸 자나 이자를 못 낸 자들을 모두 초청하여 풍성하게 잔치를 벌여주었다. 그 자리에서 이자를 낼 수 없는 자들의 차용증을 불태워버렸다. 부채를 모두 탕감해준 것이다. 이 소식을 듣고 분노한 맹상군이 그를 불러들여 꾸짖자 풍환이 거침없이 답변했다.

잔치를 벌이지 않고는 돈을 빌린 사람들을 다 모이게 할 수 없었고, 돈 있는 자와 돈 없는 자를 구별할 수 없었습니다. 여유 있는 자에게는 갚을 날짜를 정하게 했습니다. 가난한 자는 성급하게 독촉하면 바로 달아

날 것이니 영원히 받을 수 없게 됩니다. 만일 성급하게 재촉하여 돌려받지 못한다면, 군주가 이익에 눈이 멀어 백성을 사랑하지 않는 것이 됩니다. …쓸모없는 차용증서를 불태워, 설 땅의 백성들이 군주를 가까이하고 군주의 이름을 칭송하게 하려고 한 일입니다.[1]

이 말을 듣고 맹상군은 크게 기뻐했고 풍환의 노고를 치하했다.

맹상군의 명성이 높아지자 위협을 느꼈던 제나라 왕이 그를 내쫓았다. 그의 마당에서 북적거리던 식객들도 썰물처럼 빠져나갔다. 인생유전人生流轉이란 말처럼 인생은 돌고 돈다고 하지 않았던가. 달면 삼키고 쓰면 뱉는 세상 인심을 맹상군은 처절히 경험했다. 이때 풍환이 맹상군의 지위를 회복시켜주기 위해 발 벗고 나섰다.

풍환은 먼저 수레에 예물을 가득 싣고 진秦나라에 가서 진왕을 만났다. 제나라에 반감을 품은 맹상군을 중용하면, 제 나라를 쉽게 멸망시킬 수 있을 것이라며 진왕을 회유했다. 그는 풍환의 말에 흡족해하며, 수레에 황금을 가득 싣고 맹상군을 맞이하러 사절단을 국경으로 보냈다.

이때 풍환은 맹상군을 영접하러 떠난 수레의 대열보다 한 발 앞서 제나라로 돌아왔다. 그리고 이 소식을 제 나라 왕에게 흘리며 말했다. 맹상군을 곧 바로 불러들이지 않으면 제나라가 위태로울 것이라고 했다. 제나라 왕이 확인해보니 맹상군을 맞이하려는 진나라의 수레 행렬이 국경 가까이 다가오고 있었다. 제나라 왕은 맹상군을 다시 불러 재상의 자리에 앉히고 식읍으로 1000호를 늘려 주었다. 이처럼 풍환은, 초라한 몰골로 찾아온 자신을 상객으로 예우한 맹상군의 은혜에 크게 보답했다.

맹상군이 다시 권좌에 오르자 떠나갔던 빈객들이 슬금슬금 몰려들었다. 풍환이 이들을 기꺼이 맞아들이려고 하자 맹상군은 심한 알레르기 반응을 보였다. 맹상군은 풍환에게 가슴에 맺힌 속내를 털어 놓았다.

나는 언제나 빈객을 좋아하여 그들을 대접하는 일에 실수가 없도록 노력했었소. 빈객이 3000여 명이나 있었다는 것은 선생께서도 잘 알 것이오. 그러나 빈객들은 내가 재상의 자리에서 물러나는 것을 보자, 하루아침에 나를 버리고 떠나가 나를 돌봐주는 사람이 없었소. 이제 선생의 힘으로 다시 재상의 자리에 오를 수 있었지만, 다른 빈객들은 또 무슨 낯으로 나를 볼 수 있겠소. 만약 다시 나를 만나려고 하는 자가 있으면, 반드시 그 얼굴에 침을 뱉어서 크게 욕보일 것이오.[2]

맹상군의 말을 듣고 풍환은 정중히 충고했다.

살아 있는 자가 반드시 죽는 것처럼 존귀하면 사람이 모이고, 빈천하면 벗이 떠나는 것은 당연한 이치입니다. 혹시 아침 일찍 시장으로 가는 사람들을 보신 적이 없습니까? 새벽에는 어깨를 맞대면서 앞 다투어 문으로 들어가지만, 날이 저물어 시장을 지나는 사람들은 팔을 휘저으면서 시장은 돌아보지도 않습니다. 이것은 그들이 아침을 좋아하고 날이 저무는 것을 싫어해서가 아닙니다. 날이 저물면 원했던 물건이 시장 안에 없기 때문입니다. 당신이 지위를 잃자 빈객들이 모두 떠나가 버렸다고 선비들을 원망하여 일부러 빈객들이 오는 것을 막을 필요는 없습니다.

예전과 마찬가지로 빈객들을 대우하십시오.³

맹상군은 풍환의 말대로 빈객들을 맞이하고 변함없이 예우했다. 그러나 맹상군에 대한 사마천의 평가는 냉정하다. 사마천은 맹상군이 다스렸던 설 땅에 들어선 뒤 그곳의 풍속을 살펴보았다. 그곳에는 난폭하고 사나운 젊은이들이 들끓었다. 요즘으로 말하면 불량배나 조직 폭력배 천지였던 것 같다. 인구도 6만 호로 불어났다. 이것은 다 맹상군이 협객들과 무법자들을 불러들인 탓이라고 했다.

왕안석도 〈독맹상군전讀孟嘗君傳〉이라는 짧은 글에서 맹상군에 대해 탄식했다. 맹상군이 빈객으로 맞이한 사람들은 선비가 아니라 개 흉내 내는 좀 도둑이나 닭 울음소리를 잘 내는 천한 무리였다는 것이다. 이들 때문에 군자나 선비들이 맹상군에게 등을 돌렸다고 여겼다. 맹상군이 만일 진정한 선비를 영입했더라면, 제나라의 선두에 서서 진나라를 제압했을 것이라며 아쉬워했다.

《권력규칙》의 저자 쩌우지밍鄒紀孟은, 맹상군이 식객들을 극진히 대접한 이유는 이들이 자신에게 도움을 주기를 바랐기 때문이라고 했다.《사기열전》을 번역한 김원중도 〈맹상군 열전〉의 해제에서 '명성과 이익만을 좋은 별 볼일 없는 인물'로 깎아 내렸다.

그러나 맹상군을 그렇게 단순하게 평가해서는 안 될 것이다. 맹상군은 왕이 두려움을 느낄 정도로 세력과 덕을 모두 갖춘 인물이었다. 맹상군에게서 묘한 인간적인 매력이 엿보인다. 중국 속담에 '바닷물은 온갖 하천을 다 받아들인다海水容纳百川'고 했다. 사람을 가리지 않고 정성스레 대했던 맹상군은 큰 그릇이었음을 부인할 수 없다. 죄를 짓고 도망친 자, 천한 자도 모두 감싸 안았고, 풍환처럼 까다로운 늙은이도 배려했다. 귀를 열고 경청했고, 대화를 즐겼으며 모두와 소통했다. '풍환의 차용증 소각 사건'에서 보듯, 충간忠諫은 괴롭더라도 받아들였다. 윗자리에 있으면서 겸허하고 소탈했다. 빈객의 반찬과 그의 반찬은 똑같았다. 그에게서 진정한 리더의 풍모가 느껴진다.

시골 이장으로부터 장차관, 대기업의 총수, 사립학교 이사장, 경찰청장, 국가 정보기관의 수장에 이르기까지, 크든 작든 권력이 주는 단맛과 물러난 뒤의 쓴맛을 누구나 한 번 쯤은 겪었을 것이다. 맹상군과 풍환의 대화는 우리에게 많은 것을 일깨워준다. 권력에서 멀어졌다고 허탈해할 필요도 없고, 다시 권력을 쥐었다고 오만해져 빈객을 내칠 필요도 없다. 풍환의 말처럼, '새벽 시장'과 '저녁 시장'의 이치를 깨닫는 지혜를 얻기 바랄 뿐이다.

4
머슴 진승陳勝,
어찌 왕후장상의 씨가 따로 있으랴!

　우리는 알게 모르게 '노예 상태'에 젖어 산다. 노예와 관련된 표현은 참으로 다양하다. 습관의 노예, 돈의 노예, 계급 노예, 승진 노예…. 우리의 삶을 규정하고 일정한 틀에 가두는 모든 것은 우리를 노예 상태로 만든다. 어느 작가는 모 대기업의 '거액 연봉 노예'들을 질타했다. 경찰·군인 등은 겉으로 드러나는 계급장에 눈먼 '계급 노예'로 전락할 소지가 크다. 공무원은 '뇌물 노예'로 타락할 수 있다. 조직사회의 구성원들은 입신양명을 꿈꾸다 보면 '승진의 노예'로 변모하기 쉽다. 일용직 노동자, 생계형 자영업자는 지긋지긋한 '돈의 노예'에서 벗어나지 못한다.

　필사적인 노력 없이는 노예 상태에서 쉽게 벗어날 수 없다. 욕조에서 1년 넘게 기르던 붕어를 작은 연못에 놓아주자 활력을 잃고 제자리에서 머뭇거린다. 집에서 기르던 카나리아는 새장 문을 열어 놓아도 멀리 날아가지 않고 집 주변을 맴돈다. 양어장에서 기르던 물고기와 새장의 새는 놓아줘도 혼자 살아갈 힘이 없다. 갈 길을 잃고 방황한다. 얼마 전 섬에서 풀려난 '염전 노예'가 다시 그 시절로 돌아가고 싶어, 옛 주인에게 전화를 했다는 보도를 접하고 적지 않은 충격을 받았다. 타인에 의해서 풀려난 염전 노예는 모처럼 얻은 자유를 누릴 줄 모른다. 길들여진 새처럼 다시 '새장' 속으로 들어가고 싶은 모양이다.

그 옛날에도 노예 상태를 벗어나려고 사력을 다한 인물이 존재했다. 부역자로 징발되어 끌려가던 한 사람이 질곡을 벗어나며 동료들을 향해 외쳤다. "어찌 왕후장상의 씨가 따로 있으랴王侯将相宁有种乎!"

중국 역사상 최초로 농민 봉기를 주도한 진승陳勝이 남긴 유명한 말이다. 이 말은 2200년이라는 세월을 뛰어 넘어 오늘날에도 변함없이 뭇 사람들의 입에 오르내린다. 사마천이 예찬한 진승은 머슴이자 가난한 농민이었다. 그는 베짱이 두둑하고 야망을 품은 자로 묘사된다. 진승은 일명 진섭陳涉으로도 불렸다. 진승의 행적은 사기〈진섭 세가〉에 보인다. 그렇다. 왕후장상의 '씨'가 어찌 따로 존재할 수 있겠는가. 이 구절을 읽을 때마다 왠지 모르게 짜릿함과 전율을 느낀다. 아마도 그 흔한 출세 한번 못하고, 반평생을 밑바닥 생활에서 벗어나지 못한 한恨이 작용한 탓이리라.

진승은 길들여진馴致 머슴이 아니었다. 묵묵히 도살장에 끌려가는 '소'가 되기를 온몸으로 거부했다. 생사의 기로에서 죽기를 각오하고 떨쳐 일어났고 마침내 왕으로 추대됐다.《이야기 중국사》,《중국사 여행》,

《한 권으로 읽는 사기》 등을 펼치면, 진승·오광과 관련된 고사가 등장한다. 내용은 대동소이하며, 간략히 기술되어 있어 모호한 구석이 많다. 아마도 사마천이 민간에 떠도는 풍문과 출처 불명한 자료들을 취합하여 풀어 쓴 탓이리라. 줄거리를 간추려보자.

진승과 오광吳廣은 빈농 출신으로서 징발되어 만리장성에 인접한 어양漁陽(베이징 외곽)으로 가는 중이었다. 징발된 자들은 900명에 이르렀다. 이들이 대택향大澤鄕(안휘성 숙현宿縣)에 다다랐을 때 연일 큰 비가 내렸다. 장마로 인해 목적지에 기한 내 도착하기란 불가능했다. 진나라 법에 기일 내에 도착하지 않으면 참형에 처하도록 되어 있었다. 도망치다 잡혀도 죽기는 매 한가지였다.

두 사람은 인솔 책임자를 살해하고 동료들을 설득했다. "어찌 왕후장상의 씨가 따로 있겠소! 우리들도 그들과 다를 게 없소." 이 말을 듣자 모두들 환호했다. 이들이 봉기한 지 한 달도 안 되어 인근의 여러 성을 장악했다. 마침내 초나라 도읍이던 진현陳縣을 점령했다. 일개 농민이 꿈을 품으니 선비, 장수들이 뒤따랐다. 진승과 오광은 무신武臣, 주문周文 등 기라성 같은 인물들을 참모로 거느렸다. 진승은 추대를 받아 왕위에 오르고 국호를 '장초張楚'라 했다.

그러나 두 사람의 시운도 그리 길지 못했다. 상비군·죄수·노예들로 구성된 장한章邯 군대와 맞선 주문은 패하여 자결했다. 진승을 배신하고 스스로 조왕이 되었던 무신도 의문의 죽음을 당했다. 오광은 부하 장군인 전장田藏의 손에 죽었다. 주력인 주문과 오광의 군대가 자멸하자 진승의 세력은 급격히 약화되었다. 결국 진승은 장한 군대에 맞서 싸우다 패주하던 중 자신의 마부에 의해 살해됐다. 기원전 208년의 일이다. 진승·오광의 의거는 애석하게도 자중지란으로 불과 6개월 만에 종막을 고했다.

불운했던 사마천은 진승에게 각별히 애정을 기울였던 것 같다. 그를 '반란의 수괴', '비적 두목'으로 홀대하지 않고 당당하게 〈세가〉에 실어 그를 기렸다. 진승은 비록 농민의 신분으로 부역에 끌려가는 신세였지만 '웅지'를 품고 강고한 예속의 껍질을 깨고 나왔다. 천형天刑처럼 가난과 질곡 속에 살았던 농민에게 꿈과 용기를 심어주었다. 그의 항거는 진 왕조 타도의 도화선이 됐다.

극한 상황에 내몰리면서도 꿈을 잃지 않은 인물이 우리 주변에도 있다. 《공부가 가장 쉬웠어요》의 저자, 장승수가 바로 그다. 아버지를 일찍 여의고 홀어머니 밑에서 불우한 유년 시절을 보냈던 그는 가스통 배달부, 공사장 잡부 등을 전전하면서 주경야독하여 고교 졸업 6년 만에 서울대 인문대학에 수석 합격하여 많은 이들의 심금을 울렸다. 그는 법과대학을 졸업하고 사법고시에 합격한 다음 현재 변호사로 활동하고 있다. 만약 고등학교 졸업 후에 자신의 신세 한탄이나 하면서 '스스로 인생의 주인이 되는 삶'을 놓아버렸다면 그는 지금 어떤 모습으로 살고 있을까?

현실 속에서는 자신의 인생을 '이미 결정된' 것으로 여기고 그 어떤 노력도 하지 않는 사람들이 태반이다. 그러면서 자기비하와 세상에 대한 분노만 일삼는다. 이들은 솔잎만 먹는 송충이, 밟혀야 겨우 꿈틀대는 지렁이, 황새를 쫓아가다 가랑이가 찢어지는 뱁새 신세를 벗어나지 못한다.

길고 짧은 것은 대봐야 안다. 시도도 해보지 않고 미리 포기하는 자의 미래는 불을 보듯 뻔하다. 오늘날에도 많은 사람들이 인간 본래의 정신과 기백을 잃고 '빵'에 길들여져 있다. 인간은 채찍을 휘둘러 길들이는 순록馴鹿이 아니다. 환경 미화원도, 건물을 지키는 경비원도, 구내식당 아주머니, 재벌 집 비서·운전기사도 '빵'에 길들여져 있다. '목'이 잘릴까 봐 전전긍긍한다. '목구멍이 포도청'이라고 고달픈 현실이 인간을 그렇게 만든 것이다. 피조물이 또 다른 피조물에 의해 '개'처럼 길들여진다는 사실이 서글프다.

부모는 자녀를 소유물로 생각하여 입맛대로 길들이려 해서는 안 된다. 신부·목사·승려는 '교조'를 내세워 신도를 길들이려 해서는 안 된다. 교수는 '학위'를 무기로 조교를 길들이려 해서는 안 된다. 군인·검찰·경찰의 상급자는 '승진'을 빙자하여 하급자를 길들이려 해서는 안 된다. 선배 교수는 '교수 채용'시 도움을 구실로 시간강사를 길들이려 해서는 안 된다. 재벌은 '거액'을 미끼로 변호사를 길들이려 해서는 안 된다. 지방 토호는 '뇌물'로 '향판鄕判'을 길들이려 해서는 안 된다. 대기업은 '고액 연봉'으로 우수한 두뇌를 길들이려 해서는 안 된다.

5

비운의 선비, 사마천司馬遷은
어떻게 '역사의 혼'이 되었을까?

오래 전 책에서 만났던 사마천은 늘 가슴 한 구석을 맴돈다.《사기》를 펼치고 사마천을 떠올릴 때마다 아프도록 가슴이 저며 온다. 비운의 선비 사마천은 극도의 고통에 신음하던 가련한 인간으로 다가온다. 역사상 그처럼 울분·분노·응어리·한이 맺힌 인물도 드물 것이다.

어느 날 학교 주위를 거닐다 낯익은 얼굴을 발견했다. 바로 사마천이다. 위남渭南 사범대학 교정에는 하얗게 칠해진 사마천 흉상이 놓여 있다. 책상에 앉아 오른손에 붓을 들고 먼 하늘을 바라보며 상념에 잠겨 있는 그의 모습이 애잔하다. 흉상 바로 밑에는 '사성史聖 – 사마천'이라는 글자가 검은 색 바탕 위에 선명하게 새겨져 있다. 책으로만 대하던 사마천을 그의 고향 가까이서 마주하니 반가운 마음이 파도처럼 일렁인다.

이곳을 떠나기 전, 반드시 사마천 선생을 알현하리라 마음을 다지고
또 다졌다. 사마천의 고향은 섬서성 하양夏陽, 오늘날 한성韓城시다. 한성
시는 과거에 위남시에 속한 자은 현縣에 불과했다. 어느 화사한 봄날, 강
의가 없는 틈을 타 마침내 한성행 버스에 올랐다. 5~6시간이 지나 드디
어 사마천 사묘祠墓에 도착했다. '사성'을 모신 사당은 그 자체가 경관이
빼어난 공원이었다. 사마천은 한적한 시골 마을, 이처럼 아름다운 동산
에 생전의 굴욕과 한恨을 말끔히 씻고 평화롭게 누워 있다.

사마천의 생졸 연대는 분명치 않다. 태어난 해에 대해서는 기원전
145년, 135년, 134년 등 다양한 주장이 제기된다. 죽은 해도 기원전
90년, 87년, 86년 등 이견이 분분하다. 여기서는 사마천 연구의 전문가
이자 《역사의 혼, 사마천》의 저자 천퉁성陳桐生의 견해(기원전 145~기원
전 90)를 따르기로 한다.

사마천 자신에 관한 기록은 그리 많지 않다. 〈태사공 자서太史公 自序〉,
〈임안에게 답하는 편지報任安書〉, 이밖에 180여 글자로 이루어진 〈비사
불우부悲士不遇賦〉와 《사기》 각 편의 말미에 자신의 견해를 밝힌 것이 전
부다.

〈태사공 자서〉에 집안 내력과 부친 사마담司馬談(?~기원전 110)에 대
한 일화 그리고 사기를 완성하기까지의 배경을 소개했다. 〈임안에게 답
하는 편지〉에서는 흉노에 투항한 이릉李陵을 변호하다 한 무제의 노여움
을 사 '치욕'을 당한 일, 사기를 완성하기 위해 살아남아야 했던 이유 등
을 소상히 밝혔다. 〈비사불우부〉는 때를 못 만나 고초를 겪은 자신을 '비
운의 선비'라 한탄하며 격정적인 어조로 읊은 비가悲歌이다.

슬프다! 선비가 때를 얻지 못함이여.

그림자 돌아보며 홀로 있음이 부끄럽다.

늘 극기하며 말과 행동이 예에 부합되길 바랐고

뜻과 행동이 세상에 알려지지 않을까 두려워했다.

(…)

비록 몸 있으나 세상에 드러낼 수 없고

헛된 능력 있으되 세상에 펼치지 못한다.

어째서 곤궁함과 현달함은 사람을 미혹에 빠뜨리고

선함과 악함은 나누기 어려운가.

(…)

공정함으로 나라를 위하는 사람은 모두 나와 같고

사사로움으로 자신을 위하는 사람을 내가 슬퍼한다.

(…)

인간세상의 이치 쉬이 드러나는데

서로 다투고 빼앗는 것이라.

살기를 탐하고 죽기를 싫어하는 것은

품성이 비루하기 때문이다.

부귀함을 좋아하고 가난을 가벼이 여기는 것은

지혜를 흐트러지게 한다.

사리에 대해 분명하고 투철해야

마음이 넓어지고 탁 트이게 된다.

(…)

세상에 이름을 남기지 못함을

옛사람들은 부끄러워했다.

아침에 도를 들으면 저녁에 죽어도 좋다고 했는데

누가 아니라고 부정할 수 있겠는가?

역경과 순조로움은 주기적으로 반복 순환하며

갑자기 일어났다가 갑자기 떨어진다.

도리도 믿을 수 없고

지혜도 믿을 수 없다.

복 앞에 서지도 말고

화의 시작에도 가까이 가지 말라.

몸을 자연에 맡기고 하나가 되라.[1]

〈임안에게 답하는 편지〉는 사마천을 이해하는 데 매우 중요한 단서가 된다. 이 글은 사마천이 혹형酷刑을 당하고 나서 가깝게 지냈던 벗, 임안에게 쓴 답신이다. 임안은 모반죄에 연루되어 사형腰斬 집행을 기다리던 한 무제 때의 인물로 익주자사益州刺史(사천성 일대에 파견된 감찰관監察官)를 지냈다.

〈태사공 자서〉, 〈임안에게 답하는 편지〉 등을 근거로 사마천의 행적에 대해 풀어보자.

사마천의 집안은 주 왕실 이래로 사관 집안이었다. 아버지 사마담은 30년 동안 태사공太史公 직책을 지냈다. 태사공은 사관이자 천문·역법 등을 담당하는 직책이었다. 사마담은 〈논육가요지論六家要旨〉를 통해 음

양가, 유가, 묵가, 법가, 명가에 대해 나름대로 분석하여 장단점을 밝혔다. 유독 도가에 대해서만 호평을 했다. 그 자신이 도가를 공부했으며 도가에 심취했던 듯하다.

사마천은 어릴 적 농사와 가축 기르는 일을 거들었다. 열 살에 고문을 깨우쳤다. 스무 살 때 양자강, 회수 일대를 유람했고, 회계산(절강성 소흥紹興)에 자리한 우 임금 묘, 구의산九嶷山(호남성 영원현寧遠縣)에 위치한 순 임금 묘를 둘러보았다. 이어 노나라 수도에 머물며 유학을 공부했고, 오늘날 산동성 곡부 일대를 돌며 공자의 발자취를 더듬었다. 아울러 궁술도 익혔다.

돌아와 낭중郎中에 기용되었으며, 파巴(중경 일대), 촉蜀(사천성 성도 일대), 곤명 등 서남 지역의 정벌에 참여하고 돌아왔다. 그가 유람 또는 원정한 지역은 지금의 섬서성, 하남성, 감숙성, 내몽고, 강소성, 절강성, 호남성, 호북성, 산동성, 사천성, 귀주성, 광서성, 운남성 등을 아우르는 방대한 지역이었다.

사마천은 흔한 말로 아버지 잘 만나 많은 호사를 누렸으며 풍부한 교육적 경험과 소양을 쌓은 귀공자였다. 사마천에 대한 부친의 영향력은 절대적이었다. 부친은 아들을,《춘추》를 저술한 공자에 버금가는 위대한 역사가로 길러내려는 야심찬 포부를 지녔다. 사마담은 아버지이기에 앞서 사마천의 진정한 스승이었다.

사마담은 고대로부터 전해 내려오는 군주·충신·열사들의 행적을 기록한 역사서를 완성하는 것이 소원이었다. 그러나 끝내 뜻을 이루지 못하고 병석에 누웠다. 그는 아들에게 자신이 못 다한 역사서를 반드시 완성하라는 유언을 남기고 삶을 마감한다.

사마천은 부친 사후 3년 되던 해에 태사령太史令 직책을 물려받았다. 다시 7년이 지난 뒤 역사서 저술에 전념했다. 그러나 어느 해 억세게 재수 없는 날, 이릉을 변호하다 한 무제의 노여움을 사 '참변'을 당했다. 대략 48세 무렵의 일이다. 49세에 중서령中書令 직책에 올라 다시 한 무제를 대했다. 자신을 '잠실蠶室(궁형을 집행한 밀폐된 온실. 거세당한 자는 온실에서 100일 정도 기거해야 치유된다고 함)'에 내팽개친 한 무제를 환관이 되어 마주한 사마천의 심정은 어떠했을까.

사마천은 대략 42세에 《사기》 저작에 착수하여 55세에 완성했으며, 56세에 타계한 것으로 추정된다. 수감 생활 2년을 제외하더라도 10년 넘게 걸려 완성한 셈이다. 원래 이름은 《태사공서太史公書》였으며, 《사기》로 불린 것은 삼국시대 이후의 일이다. 이 걸작은 사마천이 지었다고 하나 엄밀히 말하면 사마담과 사마천의 공저라 해야 타당할 것이다. 최초 구상, 자료 수집 및 분석, 자료 해독, 집필에 이르기까지 부자가 2대에 걸쳐 목숨을 건 작업이었다. 중국 정사의 전범, 사기는 이렇게 탄생했다.

사마천 일생에서 극적인 전기를 이룬 사건이 '이릉의 화禍'이다. 보신에 급급했던 백관들 모두 흉노족에 투항한 이릉 장군을 비난했으나, 사마천은 한 무제 앞에서 홀로 그를 두둔하다 변을 당한다. 여기에 관해서는 〈임안에게 답하는 편지〉에 상세히 전한다.

이릉은 항상 부하들과 생사고락을 같이 했습니다. 옛 명장 누구도 이릉을 능가하지 못합니다. 몸은 비록 적에게 붙들려 있지만, 그는 적당한 기회를 틈타 한나라에 보답하고자 할 것입니다. 그가 흉노를 격파한 공적은 천하에 드러내기에 충분합니다.

사마천은 요즘말로 '괘씸죄'에 걸려 옥에 갇혀 죽음을 기다리는 신세가 됐다. 죽음을 면하기 위해서는 50만 전을 내거나 궁형을 자청하는 외에는 달리 방법이 없었다. 육신의 소중한 일부가 문드러진 사마천은 자신을 '비인간非人間', '반쪽짜리', '후궁의 환관'이라며 자학하기에 이른다.

그는 그리 친하지도 않은 이릉을 변호하기 위해 왜 발 벗고 나섰는가? 다시 〈임안에게 답하는 편지〉에 나오는 그의 이야기를 들어보자.

이릉은 부모에게는 효도를, 친구에게는 신의를 다했으며, 금전관계는 깨끗했고 진충보국하려는 굳센 의지를 가진 인재였습니다. …그런데 이제 그가 했던 일 중의 하나가 잘못되자, 몸을 사려 처자식 보호에 급급했던 신하들이 앞 다투어 그의 잘못을 비방하고 왜곡했기 때문에 저는 참으로 분노를 금할 수 없었습니다.

천성으로 굳어진 강직한 성품은 어찌할 수 없나 보다. '모난 돌이 정 맞는다'고 천추의 한을 남기고 말았다. 그는 궁형의 굴욕을 당하면서까지 왜 '모질게' 살아남으려 했는지를 밝힌다. 〈임안에게 답하는 편지〉에 그의 절절한 심정이 잘 드러난다.

…고통과 굴욕을 참아내며 구차하게 삶을 이어가는 까닭은 후세에 문장

을 전하지 못할까 염려했기 때문입니다. …흩어져 있는 옛 기록들을 모
아 진위를 가려내고 체계를 세우며 흥망성쇠의 이치를 정리하여 황제黃
帝로부터 오늘에 이르기까지의 역사를 표 10편, 본기 12편, 서 8편, 세
가 30편, 열전 70편, 총 130편으로 구상했습니다. 그런데 이 작업을 시
작한 지 얼마 되지 않아 뜻밖의 재앙을 만나게 되었습니다.

그러나 극형을 받았으면서도 태연스럽게 살아남으려 했던 것은 이 저술
이 완성되지 못함을 안타깝게 생각했기 때문입니다. 만일 이 저술이 완
성되어 명산에 보관되고 각지의 선비들에게 전해질 수 있다면, 제 치욕
도 충분히 씻게 될 것입니다. 설사 이보다 더 참혹한 형을 받는다 해도
어찌 후회됨이 있겠습니까.

사마천은 사기를 완성하여 부친의 숙원을 풀었고, 천추의 한을 씻었
다. 동양 최고의 역사서, 《사기》는 중국 정사의 모범이 되었다. 그의 소
원대로 지식인의 입을 타고 전해져 이제 불멸의 역사서가 되었다.

사마천은 '물동이를 머리에 얹게 되면 하늘을 바라볼 수 없다'고 했다.
그의 고백처럼 '물동이'를 이고 오직 앞만 보며 바쁘게 달려왔으나 그를
기다린 것은 궁형이었다. 바쁜 현대인들은 위아래, 좌우를 살필 줄 모른
다. 모두 '무거운 물동이'를 이고 출세를 위해, 돈벌이를 위해 전력질주
를 할 뿐이다.

'인간지사 새옹지마塞翁之馬'라 했다. 한치 앞도 내다 볼 수 없는 세상
이다. 어찌 자신의 앞날을 예측할 수 있으랴! '무거운 물동이'를 잠시 머
리에서 내려놓고 쉬어가자.

6

흉노 땅에 뼈를 묻은 절세미인,
왕소군王昭君

"흉노 땅에 화초가 없으니, 봄이 와도 봄 같지가 않구나胡地無花草, 春來 不似春." 당나라의 동방규東方虯가 지은 〈소군원昭君怨〉이라는 시의 한 구절로 흉노 땅에 팔려간 왕소군王昭君을 노래했다.

내몽고 빠오터우包头시에서 유학 온 양솨이楊帥는 구레나룻이 매력적인 훤칠한 미남이다. 혹시 '흉노의 후손'은 아닐지 늘 궁금했다. 일본어를 전공하는 여자 친구와 그림자처럼 붙어 다니곤 했다. 이들과 오다가다 수시로 부딪혔다. 내몽고 일대를 가본 적이 없어서 갑자기 호기심이 일었다. 그에게 그의 고향과 내몽고에 대해 묻자 왕소군(*중국 발음 왕자오쥔) 얘기를 꺼낸다. 그리고 후허하오터呼和浩特시에 왕소군의 무덤青冢이 있으니, 언제 시간을 내서 함께 가보자고 했다. 하지만 차일피일 미루다 가보지 못하고 귀국하게 됐으니 못내 아쉽다.

왕소군의 고사에 관한 기록은 반고의 《한서》〈흉노전〉과 범엽의 《후한서》〈남흉노전〉에 보인다. 국내에서 왕소군을 심도 있게 다룬 책을 찾아보기란 쉽지 않다. 그나마 장숙연이 저술한 《중국을 뒤흔든 불멸의 여인들》 중에 〈왕소군〉이 실려 있다. 출생에서부터 죽음에 이르기까지 왕소군의 전기를 '소설식'으로 간략히 서술했다. 사실과 괴리된 면이 여러 곳 드러나, 줄거리를 이해하는 것으로 만족해야 할 것 같다. 예컨대, 왕소군이 독약을 먹고 자살했다고 단정 짓는 것은 섣부르다. 강물에 투신했다고도 전해지나 이에 관한 명확한 기록은 없다.

린깐林幹과 마지馬驥 두 사람이 엮은 《중국 제일의 미인, 왕자오쥔》은 본격적으로 왕소군을 다룬 단행본이다. 다만 300쪽 가까운 분량 중 왕소군의 전기를 다룬 부분은 20여 쪽에 불과하여 그녀의 생애를 온전히 이해하는 데 어려움이 따른다. 이 책에는 원대 마치원馬致遠의 〈한궁추漢宮秋〉라는 잡극이 소개되어 있다. 이 작품을 통해 왕소군은 대중에게 더욱더 널리 알려졌다.

위에 소개한 책들을 근거로 왕소군의 발자취를 더듬어보자.

왕소군王昭君은 서시西施, 초선貂蟬, 양귀비楊貴妃 등과 더불어 4대 미녀로 꼽힌다. 오늘날 후베이湖北성 씽산興山현에서 태어났다. 출생연도는 불분명하다. 소군은 자이며, 원래 이름은 장嬙이다. 그녀가 태어난 마을은 산수가 수려한 곳으로 유명하다. 그녀는 시서와 가무에 능했다고 전해진다. 미모가 빼어난 왕소군은 한나라 원제元帝 때 후궁으로 들어갔다. 그러나 황제의 총애를 받지는 못했다.

절세미인 왕소군은 왜 황제의 눈에 띄지 못했을까? 그 배경을 이해하기 위해 왕소군 설화에 단골로 등장하는 '악역 배우' 모연수毛延壽에 대해 알아야 한다. 돈을 지독하게 밝히는 화가 모연수가 뇌물을 받고 궁녀들의 초상화를 그렸다. 뇌물을 바친 궁녀들은 얼굴을 예쁘게 그려주었다. 왕소군은 집안 형편도 어려운데다 성품마저 곧아 뇌물을 바치지 않았다. 모연수는 그런 왕소군을 추녀로 그렸다. 당시 황제는 초상화를 보고 마음이 드는 궁녀를 간택하여 가까이에 두었다. 왕소군은 덧없이 비탄의 세월을 보내다 후한예 선우呼韓邪 单于(?~기원전 31년, 동흉노의 수장)의 배필로 자원했다.

왕소군이 후한예 선우와 혼인한 배경을 이해하기 위해서는 한나라와 흉노의 관계를 알아야 한다. 용맹스럽고 호전적인 흉노는 한나라의 관점에서 늘 골칫거리였다. 수시로 한나라의 영토에 출몰하여 가축과 사람, 곡물을 약탈해갔다. 흉노에 포로로 잡혔다가 탈출한 한 고조 유방 때에 이르러 화친정책을 채택했다.

한 무제 때 다시 흉노의 정복을 꾀했다. 위청衛靑, 곽거병霍去病 등이 대대적으로 흉노정벌에 나서 대승을 거두었다. 그러나 장기간에 걸친 소모전으로 국력이 피폐했고 호구가 반으로 줄어들었다. 결국 선제宣帝 때에 화친정책으로 선회했고 뒤이은 원제元帝도 이 정책을 계승했다. 그 무렵 형이자 적수였던 즈즈郅支 선우(서흉노 수장 : ?~기원 전 36년)에게 쫓긴 후한예 선우가 한나라에 귀순했다. 한 원제가 친히 그를 맞아 성대하게 대접했다.

후한예는 모두 세 차례 한나라에 머물렀다. 마지막으로 그곳을 떠날 즈음 한나라의 사위가 되기를 청하며 공주를 요구했다. 왕실에서는 왕소군을 골라 후한예와 화촉을 밝혔다. 《후한서》〈남흉노전〉에 의하면, 왕소군이 흉노 땅에 가기를 자청한 것으로 기술되어 있다.

후한예의 첩이 되어 흉노 땅으로 떠날 즈음, 원제 앞에 나타난 왕소군은 눈부시도록 아름다웠다. 이때 왕소군은 스무 살 꽃다운 나이였으며, 후한예는 예순 가량의 늙은 영감이었다. 천하의 절색을 늙은이에게 딸려 보낸 원제의 마음은 어떠했을까? '뇌물 화가' 모연수는 죽음을 면치 못했다.

그러나 이 이야기는 날조된 것으로 모연수는 가공의 인물이라는 의견이 지배적이다. 그러나 이야기의 진위에 관계없이 민담과 전설이 더해지고 극작가들에 의해 각색되어, 이천 년이 넘도록 세간에 흥밋거리를 제공했다.

왕소군은 왜 흉노 땅으로 가기를 자청했는가? 여기에는 의견이 분분하나 당시 궁녀들의 실상을 헤아리면 어느 정도 이해가 간다. 백거이의 〈상양백발인上陽白髮人〉이라는 시는 궁녀들의 가련한 삶을 대변한다.

상양궁의 여인이여,

상양궁의 여인이여.

홍조를 띠었던 얼굴 어느덧 늙고,

새로이 흰 머리가 나는구려.

궁궐에 들어올 때 열여섯 살이었건만,

지금 나이가 벌써 예순이 되었구려.[1]

이팔청춘의 나이에 궁중에 들어와 백발이 되도록 새장에 갇힌 궁녀의 일생을 생생하게 묘사했다. 여기에서 '상양백발인', '상양궁의 여인'은 일생을 궁에 갇혀 지내는 궁녀들의 비극적인 운명을 상징한다. 궁녀들은 황제의 눈에 들기를 갈망했다. 아니면 그곳에서 벗어나기를 학수고대했던 것이다. 누군들 궁궐에 처박혀 처녀귀신으로 늙어 죽고 싶겠는가. 왕소군의 심정도 이와 별반 다르지 않았을 것이다.

흉노 땅에 들어간 왕소군은 새장에 갇힌 후궁의 신세를 벗어나 일약 '영부인'의 지위에 올랐다. 후한예 선우와의 사이에 아들 이도지아사伊屠智牙師를 낳았다. 이삼 년이 지난 후 후한예는 죽었다. 고국 땅으로 돌아가고 싶다고 수차례 한나라에 간청했으나 받아들여지지 않았다.

흉노의 관습에 따라 후한예의 아들인 조도막고雕陶莫皐와 결혼하여 두 딸을 낳았다. 10살 된 어린 아들 이도지아사는 후계 구도를 놓고 각축하던 와중에 피살됐다. 조도막고는 왕소군과 11년 정도를 살다가 병사했다. 왕소군은 대략 33~34세의 나이에 죽은 것으로 추정되나 최후의 행방은 묘연하다. 미인박명이란 말 밖에는 달리 표현할 길이 없다.

중국인들의 왕소군에 대한 애정은 무척이나 뜨겁다.

"왕자오쥔을 노래로 읊은 역대 시 약 700여 수, 소설과 수집·정리한 민간고사 40여 종, 희극 30여 종, 역대 저작 및 평론 300여 종, 학술 논문 400여 편, 전문 저서 10여 종에 이른다. …이와 같이 광범위한 관심과 동정을 불러일으킨 역사적인 인물은 중국문화사 가운데서도 보기 드물다."[2]

20세기 들어, 경극 배우 메이란팡梅兰芳이 왕소군으로 분장해 열연했다. 그 이후에도 왕소군을 소재로 한 TV 드라마가 방영되었고, 가극 무대에도 오르는 등 그 열기는 좀처럼 수그러들 줄 모른다.

고금의 시인, 극작가들이 왕소군을 소재로 삼아 억눌린 감정을 뱉어냈다. 이백은 궁궐 안에서 무기력한 삶을 버리고 새로운 삶을 선택한 왕소군을 찬양했다. 두보는 황제의 우매함을 비판했고, 정처 없이 떠도는 자신의 입장에 비추어 무한한 애정을 드러냈다. 개혁가 왕안석은 한나라의 버림받은 궁녀를 높이 받든 흉노의 두터운 은총을 노래했다. 소동파는 '흉노의 귀신'이 된 자오쥔을 애도했다. 육유陸游는 왕소군을 희생양으로 삼은 무능한 군주, 어리석은 군신들을 질타했다.

지금까지 수백 편의 문학 작품들이 왕소군을 애도하고 기렸다.

- 왕소군은 백만 병사나 대장군을 뛰어넘는 불멸의 공적을 남겼다.
- 왕소군은 한-흉 간 평화와 우호의 상징이다.
- 미녀를 선발하여 입궁시키는 봉건 궁녀제도는 무수한 꽃다운 청춘들을 학대한 것이다.
- 어리석은 황제, 무능한 재상, 부패한 정치에 분노를 느낀다.
- 왕소군은 세속의 굴레를 뛰어넘는 식견, 기백, 신념을 지닌 여걸이다.

언제나 왕소군의 무덤을 찾아볼 수 있을까? 기약이 없다. 문득 겸손하고 착했던 '흉노의 후손' 양솨이가 보고 싶다. 아마 지금쯤은 랴오닝성의 어느 대학에서 석사 과정을 이수하느라 비지땀을 흘리고 있을 것이다.

7

도연명陶淵明의 삶,
어느 정비공의 삶

보통 사람들은 여러 이유로 쉽사리 일을 내려놓지 못한다. 그러나 고금의 인물 가운데 욕심을 버리고 본심을 좇아 미련 없이 산과 들로 떠난 사람들도 적지 않다. 이제부터 자유로운 영혼, 도연명과 어느 전직 정비공의 삶을 말하려 한다.

도연명[1]은 강주江州 심양潯陽(강서성 구강시九江市) 사람으로 오류五柳 선생으로도 불렸다. 동진東晋(317~420) 말에서 송宋(420~479) 초를 살다 갔다. 책 읽기를 좋아했고, 술과 이웃, 친구를 가까이했으며, 거문고를 즐겨 탔다. 조용하고 말수도 적었다. 〈영목榮木〉, 〈귀원전거歸園田居〉 등을 포함하여 여러 작품 속에서 스스로 '세속에 영합하지 못하는 고루한 성품을 타고났다'고 밝혔다.

슬하에는 배다른 아들을 포함하여 다섯 아들을 두었다. 29세에 강주 좨주祭酒로 관리 생활을 시작했다. 좨주란 벼슬은 시대에 따라 매우 복잡한 성격을 띤다. 이 시절 좨주는 강주 자사刺史를 도와 치안, 세금, 호구, 제사, 농잠, 치수, 병기 등을 관장하는 지방의 요직이었던 것으로 보인다. 그러나 곧은 성격 탓에 주위의 모욕을 못 참고 곧 물러났다. 이어 주부(主簿 : 고대 관직 일람표 근거, 정9품)로 다시 부름을 받았으나 나아가지 않았다.

35세에 환현桓玄(반란을 일으켜 초楚 건국)의 참군參軍(참모 군무의 간칭), 40세에 진군鎭軍 장군인 유유劉裕(환현 진압, 남조 송宋의 초대 황제)의 참군이 되었다. 참군이란 장군의 참모를 말한다. 참군이란 벼슬은 장군과 늘 소통할 수 있는 주요 직책이었을 것이다. 십여 년 후 모시던 장군이 황제가 됐으니, 만약 도연명이 출세를 꿈꿨다면 앞길이 활짝 열렸을 것이다. 이 무렵 그가 지은 유명한 시가 〈처음으로 진군 장군의 참군이 되어 곡아(현 강소성 단양丹陽)를 지나며 짓다始作鎭軍參軍經曲阿作〉이다. 서기 404년, 도연명이 40세 때의 일이다. 시의 일부를 감상해보자.

젊어서부터 세상사 밖에 뜻을 두고, 거문고琴와 책에 마음 맡겼느니.
거친 베옷 입고도 스스로 만족했고, 자주 쌀독 비어도 항상 마음 편했다.
기회가 참으로 우연히 찾아와 고삐를 돌려 벼슬길에 오르게 되었다.
…
잠시 전원과 멀어지게 되었다. 아득히 멀리 외로운 배 떠나니,
끊임없이 돌아오고픈 마음 휘감긴다.

…

마음은 산수山水 속 내 집을 그리워한다.[2]

41세에 건위建威 장군인 유경선劉敬宣의 참군이 되었다. 이 해 유경선
이 사직하자 그도 고향으로 돌아갔다. 벼슬 생활은 대부분 길어야 1년
아니면 반 년에 불과했다. 천성이 얽매이는 것과 남의 밑에 들어가는 것
을 싫어했던 모양이다. 그래서 가난은 늘 그를 괴롭혔다. 〈걸식乞食〉이라
는 시의 일부를 옮겨본다.

굶주림이 나를 밖으로 내몰지만 도대체 어디로 가야 할지 모르겠구나.
가고 가다 이 마을에 이르러 문은 두드렸으나 말을 더듬는다.
주인은 내가 온 뜻 알아차리고 먹을 것을 주니 헛걸음은 아니구나.
…
그대의 표모漂母와 같은 은혜에 감사하지만,
난 한신韓信 같은 인재가 아니라 부끄러울 뿐.[3]

도연명에게는 가난이 천형처럼 따라 다녔으나 본성과 예의, 염치만은
잃지 않았다. 가난에 씨든 그를 안타깝게 여긴 숙부 도규陶逵의 추천으
로 고향에서 가까운 팽택현彭澤縣의 현령이 됐으나 얼마 못가 사직했다.
굽힐 줄 모르는 자존심이 늘 문제였다. "상급 기관에 속한 감찰관 독우
督郵가 현에 당도하자, 아랫사람들이 의관을 갖추고 정중히 영접할 것을
재촉했다. 그는 '내 어찌 쌀 다섯 말 때문에 마을의 어린아이에게 허리를

굽히랴我豈能爲五斗米折腰向鄕里小兒'"[4]며 자리를 내던지고 고향으로 돌아왔다. 어렵게 취직한 지 80여 일만의 일이다.

이후 저작랑著作郎으로 재차 부름을 받았지만, 다시는 관직에 미련을 두지 않았다. 만년에 남조시대의 막을 연 옛 상관 유유劉裕가 송(일명 劉宋)을 건국하자, '잠潛'으로 개명한 뒤 세상과 철저히 담을 쌓았다. 이름까지 바꾼 걸 보면 유유를 무척이나 싫어했거나 더 이상 관직에 뜻이 없었나 보다. 그 후, 고향에서 하고 싶은 일을 마음껏 다 했다. 국화도 가꾸며, 밭일도 하고 누에도 치며 땀을 흘렸다. 책을 읽고 홀로 술잔을 기울이다 흥에 겨우면 거문고를 탔다. 그러다 술에 취해 산보하며 시를 읊었다.

〈귀거래사歸去來辭〉, 〈오류 선생전〉, 〈도화원기桃花源記〉, 〈음주〉, 〈귀조歸鳥〉, 〈연우독음連雨獨飲〉, 〈지주止酒〉, 〈만가시挽歌詩(자신의 죽음을 애도하는 시)〉 등 불멸의 작품을 남겼으며, 현재 139편이 전한다. 그의 작품에는 책, 술, 거문고, 가난, 친구, 국화, 새, 고향, 전원 등의 시어詩語가 자주 등장한다. 자유와 고독이 짙게 느껴진다.

전원시인의 낭만적인 일상의 이면에는 혹독한 가난, 게으른 다섯 아들에 대한 한탄, 술 없이 잠 못 드는 밤, 술을 끊으려는 몸부림, 무능한 가장의 고뇌, 출세하지 못한 아쉬움 등이 짙게 배어 있다. 그는 이렇게 22년을 고향의 아름다운 정취에 젖어 지내다 63세에 세상을 떴다. 비록 궁핍한 생활이 그를 힘들게 했으나, 그토록 원하던 전원에서 삶을 마쳤으니 여한은 없을 것이다.

이제 어느 전직 정비공의 삶을 들여다보자. 모 종합편성 채널에서 방영하는 〈갈 데까지 가보자〉라는 프로그램을 보았다. 화면에 등장하는 주인공의 이름은 조영운이다. 8년 전부터 전남 영광의 산골에 혼자 들어와 산다. 당나귀 두 마리, 조랑말, 검정개와 함께 지낸다. 당나귀의 이름은 명귀, 명순이, 조랑말의 이름은 정국이다. 당나귀 목욕시키느라 외로울 틈이 없다.

때때로 집 아래 선녀탕에 내려가 몸을 담근다. 입가에 시종 여유로운 미소가 떠나지 않는다. 삼겹살에다 직접 기른 산양 삼을 싸서 먹고, 라면과 함께 넣어 끓여 먹기도 한다. 당나귀를 타고 산보하는 그의 표정이 무척이나 행복해 보인다. 활터를 만들어 놓고 활쏘기를 즐긴다. '만능 손'으로 못 만드는 것이 없다. 심심하면 직접 만든 배를 끌고 호수로 내려가 낚시를 즐긴다. 그는 이렇게 말한다. "산 속에 있으니 돈도 필요치 않고 욕심마저 떠나버렸다."

그는 한 때 솜씨가 꽤 뛰어난 정비공이었다. 정비소 운영을 잘해 장사도 그런대로 잘 됐다. 어느 날 갑자기, 수리비를 좀 더 받고 싶어 매번 양심을 속여야 하는 자신의 직업에 깊은 회의를 느꼈다고 털어놓는다. 그의 말을 듣자, 통통한 얼굴에 빨간색 실로 짠 빵떡모자를 눌러쓴 한의사가 맞장구를 친다.

"맞습니다. 나도 한의사이지만, 솔직히 말해 환자들이 돈으로 보입니다. 30만 원 받을 걸 60만 원 청구하고 싶죠. 내가 돈 버는 기계도 아니고… 가끔 내 자신이 파렴치한이 아닐까 생각도 해봤죠."

어느 예비역 대령이 퇴역한 날, 평생 복종만 하다 늙어버린 자신의 지나온 삶이 한스러워 펑펑 울었다고 한다. 이에 비하면, 자유를 찾아 떠난 정비공은 얼마나 행복한 사람인가! 그뿐만이 아니다. 매일 악취 나고 썩은 이를 들여다보던 일에 염증을 느낀 치과의사가 간판을 바꿔달고 분식집 사장이 됐다. 앞치마를 두른 그의 얼굴에 행복한 미소가 피어오른다. 은퇴를 앞둔, 저명한 신문사의 한 기자는 이미 은퇴 준비를 마친 것 같다. 직접 만든 아담한 통나무배를 작은 차 위에 싣고 부인과 함께 맑은 강을 찾아다닌다.

대기업을 박차고 나와 홀로 서기에 성공한, 어느 젊은 작가의 표정을 보니 자신감이 물씬 피어오른다. 독일 박사 학위를 소유한 어느 철학자도 도시의 찌든 때가 싫다며 자연으로 돌아갔다. 흙집 학교를 세워 흙집 알리기에 여념이 없다. 아이들을 데리고 오지에 둥지를 튼 젊은 한의사 부부도 마음이 여유로워 보인다.

욕심은 양파 껍질 같아서 그것을 채우고 나면 그 다음 욕심이 기다릴 뿐이다. 인생은 아침 이슬처럼 너무도 짧다. 기다리고 미루다가는 자유와 행복은 요원해진다. 잠시 일손을 내려놓고 쉬어가면서 자신이 원하는 삶을 반추해볼 일이다.

8

한유韓愈,
목에 칼이 들어와도 할 말은 한다

정도를 걸으며 직언을 일삼는 사람의 벼슬길이 순탄할 리 없다. 이들에게는 가는 곳마다 적이 생긴다. 한유韓愈(자 퇴지退之, 768~824)의 삶도 마찬가지였다. 그는 보잘 것 없는 가문에서 태어나 고아로 자랐으며, 든든한 후원자도 없었지만 당당한 성격에다 보스 기질까지 갖췄다. 이로 인해 중상과 비방에 시달렸으며 좌천당해 변방을 전전했다. 무능하고 못난 가장을 따라 험로險路에 오른 가족들의 삶도 고달프기는 매한가지였다.

한유 연구자 고광민은 한유를 이렇게 평했다. "부드럽지 않고 딱딱하며, 세련되지 않고 거칠어 세상과 조화하지 못하는 외골수다. 직선적으로 말하면서 타협할 줄 모르는 저돌적인 '또라이'라고 할 수 있다."[1]

꽤 거칠게 표현했지만 한유의 독특한 풍모를 느낄 수 있다. 그러나 다소 과장된 면이 없지 않다. 입신양명 하려는 열망, 벼슬에 대한 집착, 당면한 생계 문제 해결을 위해 때로는 험한 세상과 타협하지 않을 수 없었다. 그렇다고 본성은 바뀌지 않는다. 타고난 성격 탓으로 편안할 날이 없었던 그의 삶을 살펴보자.

거친 인생길, 험난한 벼슬살이

한유의 본적지는 창려昌黎(지금의 하북성 진황도시秦皇島市 창려현)이다. 세인들은 이 지명에 연유하여 그를 한창려 선생이라 불렀다. 한유는 하양현河陽縣(현 하남성 맹주시孟州市)에서 태어났다. 태어난 지 두 달이 채 안 되어 모친이 죽었으며, 세 살 때 부친을 잃고 형과 형수의 보살핌 속에서 자라났다. 장안에서 관직생활을 하던 형은 좌천 끝에 소주韶州(현 광동성 곡강현曲江縣)에서 죽었다.

한유는 19세에 처음 과거 시험을 치렀으며 네 번의 도전 끝에 진사과에 합격했다. 이 시대에는 진사과에 합격한 것만으로는 바로 벼슬길에 오를 수 없었다. 다시 이부吏部에서 주관하는 박학굉사과博學宏辭科에 세 번 응시했으나 모두 고배를 마셨다. 당시에도 '꽌시關係'가 판을 치던 사회였던 모양이다. 두터운 인맥이 없는 사람이 과거에 급제하여 입신출세하기란 요원했을 것이다.

28세 무렵, 경제적 어려움, 출신의 한계 등 현실의 벽을 넘지 못하고 결국 박학굉사과 응시를 포기했다. 이 무렵 재상에게 두 달 사이에 세 차례 장문의 편지를 올렸다. 〈상재상서上宰相書〉가 그 첫 번째 편지다. 모수

자천毛遂自薦의 심정으로 자신을 등용해주기를 청탁했으나, 무정하게도 끝내 답신을 받지 못했다. 편지가 전달되지 않았거나 재상이 읽고서 뭉개버렸을 것이다.

장안을 떠나 변주汴州(현 하남성 개봉開封), 서주徐州(현 안휘성 숙현宿縣)에서 관직 생활을 했다. 벼슬살이는 순탄치 못했다. 상사인 절도사 장건봉張建封과의 불화로 서주를 떠났다. 가는 곳마다 변란이 일어나 불안한 삶을 이어갔다.

34세에 장안에서 열린 관리 선발 시험에 통과하여 국자감에 속한 사문박사四門博士에 임명됐다. 요즘으로 치면 국립대학 교수에 해당한다. 36세에 감찰어사監察御史가 되었다. 품계는 높지 않으나 탐관을 벌하고 민생을 살피는 요직이었다.

당시 장안을 비롯하여 관중평원(서안西安·위남시 일대)에 큰 가뭄이 들었다. 유랑 걸식자들이 무리를 지어 다녔으며, 굶주려 죽은 백성들의 시신이 길에 나뒹굴었다. 그러나 황실의 인척인 경조윤京兆尹(수도 장안의 수장) 이실李實은 황제에게 백성의 양곡이 풍부하다는 요지의 허위보고를 올렸다. 이실은 탐관이자 혹리酷吏였다. 그는 흉작에도 아랑곳하지 않고 가혹하리만치 곡물을 거둬들였다.

눈뜨고 차마 볼 수 없는 참상을 확인한 한유는 곡물의 징수를 한 해 늦춰줄 것을 건의했다가 도리어 모함을 받아 양산陽山으로 추방됐다. 오늘날에도 서안에서 광동성까지 가려면 기차를 타고 꼬박 하루 이틀은 걸릴 정도로 먼 거리다. 수레를 타고 꼬불꼬불 산길을 따라 유배지로 떠나는 그의 간난신고를 어찌 짐작조차 할 수 있으랴. 비만형의 한유는

〈오잠五歲〉에서 38세에 이미 시력과 청력이 약해지고 치아가 빠졌으며 머리가 세어졌다고 탄식한다.

2년 후 장안으로 복귀했고 39세에 국자박사國子博士를 지냈다. 시기와 비방을 피해 낙양의 국자감 분교 근무를 자원했다. 그곳에서 4년을 보냈다. 45세에 문장력을 인정받아 사관으로 발탁됐다. 뒤 이어 인사고과를 담당하는 고공낭중考功郎中, 황제의 조칙 초안을 작성하는 지제고知制誥를 역임했다. 50세 무렵, 조정에 반기를 든 회서淮西의 토착세력 오원제吳元濟 토벌을 적극 주장했으며, '행군사마行軍司馬'라는 직함으로 토벌에 따라 나섰다. 회서파의 반란을 진압한 공로로 51세에 형부시랑刑部侍郎 (법무부 차관)에 올랐다.

황제의 역린逆鱗을 건드리다

한유가 52세 되던 때인 819년은 그의 생애를 통틀어 가장 비극적인 해였다. 섬서성陝西省 봉상현鳳翔縣에 위치한 법문사法門寺 호국진신탑護國眞身塔 안에 불골佛骨(부처의 손가락뼈)이 봉안되어 있다고 알려져 있었다. 탑문은 30년에 한 번 열리는데, 문이 열리는 해는 대풍년이 들어 천하가 태평해진다는 것이었다. 마침 그 해가 찾아왔다.

불교 신자인 헌종 이순李純도 이 소식을 들었다. 그는 곧바로 법문사에 가서 불골을 맞이해 오도록 지시했다. 길가에 늘어선 의장대와 화려하게 치장한 꽃수레 대열은 현란하기 그지없었다. 다시 법문사에서 불골을 받들고 장안으로 돌아오는 수백리 길은 광란의 물결 그 자체였다.

한유는 사치스런 이 광란의 행사를 당장 중지할 것을 건의하는 상소문을 올렸다. 이른바 유명한 〈논불골표論佛骨表〉다. 그를 죽음 직전까지 몰고 간 〈논불골표〉의 내용은 다음과 같다.

불교는 오랑캐의 도입니다. 요순시대에 불교가 없었어도 천하가 태평했고, 왕들이 장수했습니다. 한나라 명제 때 불교가 들어왔으나 명제는 재위 기간이 18년에 불과했습니다. 이후 불도를 받든 왕조와 왕들은 거의 단명했습니다. 불도는 섬길만한 것이 못됩니다. 이 행사를 맞아 백성들이 불교에 현혹되어 정수리에 향을 태우고, 손바닥에 기름을 부어 태우고, 돈을 아낌없이 바치고, 생업도 버리기에 이르렀습니다. 불골이 여러 사찰을 거치게 된다면 분명 팔을 끊고 살을 베어 봉양하는 사람이 생겨날 것입니다. … 부처는 오랑캐 지역 사람입니다. 몸에는 성왕의 의복도 입지 않으며, 군신의 의와 부자의 정도 모릅니다. 그의 썩은 뼈의 한 조각을 어찌하여 신성한 궁중에 들인다는 말입니까? …불골을 물이나 불 속에 집어 던져 근본을 영원히 단절하고, 천하의 의심과 후환을 없애야 합니다.[2]

황제의 단명과 망국을 들먹여가며, 황제의 역린逆鱗을 건드렸으니 목이 열 개라도 모자랄 지경이었다. 골수 유교주의자인 한유의 입장에서 볼 때, 이단에 불과한 외래 종교에 백성들이 현혹되고, 부모가 물려준 신체를 훼손하는 것을 방관할 수 없었을 것이다.

재상 배도裵度 등이 적극 간언하여 죽음을 면했지만, 좌천되어 조주潮州(현 광동성 조안현潮安縣)로 갔다. 장안에서 조안현까지 가려면 진령秦嶺

을 거쳐야 한다. 진령 고갯길은 밑도 끝도 없이 이어져 지금도 그곳을 지날 때면 혀를 내두를 정도다.

한유는 눈 내리는 겨울날 가족들을 이끌고, 삐걱거리는 수레를 타고 거대한 진령 협곡과 설산을 넘었다. 장장 8,000리에 이르는 길이었다. 유배지로 가는 도중에 병중에 있었던 어린 넷째 딸 한나韓挐가 죽어 길가에 황급히 묻고 통곡하며 길을 떠났다.

대사면령이 내려 53세에 장안으로 복귀했으며 국자감좨주國子監祭主, (교육·행정기구 수장), 병부시랑兵部侍郎(국방부 차관), 경조윤京兆尹, 이부시랑吏部侍郎 등을 지냈으며 57세에 병사했다. 그는 혼탁한 세상에서 바른 길을 걸으며 할 말을 다하고 살았음에도 요직을 두루 거쳤다. 아마도 천운이 뒤따랐던 모양이다.

대쪽 같은 선비인가, 편협한 유학자인가

한유는 승려 시인 가도賈島와 더불어 '퇴고推敲(글 다듬기)'란 고사의 주인공으로 친숙한 인물이다. 당송팔대가를 거명할 때 그를 가장 먼저 꼽는다. 고문운동의 창도자로도 평가한다. 《한창려집》 40권, 《외집外集》 10권 등이 전한다. 황견黃堅이 엮은 《고문진보》에는 〈사설師說〉 〈진학해進學解〉 〈송맹동야서送孟東野書〉 〈원도原道〉 등 여러 편의 글이 실려 있다. 또한 《한퇴지 평전》을 통해 한유는 우리에게 보다 가까이 다가왔다.

한유는 한 길을 걸었다. 10년 동안 과거 응시, 30년 가까이 공직 생활을 한 것이 전부다. 굳이 그의 경력을 나눠보자면 '과거 낙방생', 공직자 겸 국립교육기관 선생, 학자 겸 저술가 등으로 대별할 수 있다. 한유를 올바로 이해하기 위해 공직자·스승·유학자로서의 모습에 대해 각각 살펴보자.

먼저 최종 관문(박학굉사과)에서 세 차례 탈락한 '과거 낙방생'으로서의 삶이다. 십 년을 매달린 공부에 결실을 맺지 못했으니 울분과 회한이 없을 수 없다. 〈응과목시여인서應科目時與人書〉에 따르면 그 시절에도 뇌물 수수, 인맥을 통한 청탁 편지 보내기, 대리 시험 등 입시 부정이 횡행했나 보다.

〈최립지에게 보내는 편지答崔立之書〉에서는 과거제도에 대한 불만을 털어놓았다. 가문 배경이나 인맥에 의해 당락이 결정되는 것으로 보았으며, 채점관이 임의로 매긴 점수를 불신했다. 이런 모순된 선발 제도에 굴원·맹자·사마천이 응시하더라도 떨어질 것이라며 울분을 토로했다.

한유는 그래도 관직에 대한 꿈을 절대 포기하지 않았다. 자신의 능력을 믿었고, 자신에 대한 자부심이 유독 강했다.《잡설사雜說四》등에서 스스로를 천리마에 비유하여 자신을 알아주는 백락伯樂이 나타나기를 학수고대했다. 결국 중앙 요직에까지 올랐으니 실력과 열정, 배짱만으로 성공한 입지전적인 인물임에 틀림없다.

공직자로서의 삶은 어떠했을까? 한유는 주관과 소신이 뚜렷했다. 〈행난行難〉에서 '나의 생각을 버리고 남의 말을 따르는 것'이 고역이라고 했다. '옳은 것을 옳다 하고 그른 것을 그르다고 하는' 신념을 허물지 않았다. 목에 칼이 들어와도 할 말은 해야 직성이 풀리는 사람이 곧 한유였다.

〈장복야(장건봉)에게 올리는 편지上張僕射書〉에서는 명령에 따라 움직이는 자와 부귀한 사람에게 굽실거리는 자를 꾸짖었다. '이득을 좋아하면서 주군을 아끼는 자 없으며, 의를 좋아하면서 주군을 저버리는 자는 없다'는 것이 그의 지론이었다.

매관매직하는 자들을 용납하지 않았으며, 관직에 조금도 미련을 두지 않았다. 〈유수 정여경鄭餘慶께 아룀上留守鄭相公啓〉에 보이는 표현처럼, 관직을 그만두는 것을 침 뱉는 것처럼如棄唾 하찮게 여겼다. 그의 이런 자신감과 배짱은 어디에서 나온 것일까?

이번에는 사도師道에 대해 얘기할 차례다. 한유는 스승의 벼슬이 낮으면 부끄러워하고 관직이 높으면 아첨했던 당시의 풍조에 개탄했다. 〈사설〉에서 밝힌 견해는 이렇다.

> 나이와 무관하게 앞서 도를 깨우친 사람이 스승이다. 스승을 모시는 데는 나이의 많고 적음, 빈부귀천도 없고 오직 도가 있는 곳에 스승이 있다. 제자가 스승보다 못하리라는 법이 없고, 스승이 반드시 제자보다 현명한 것도 아니다.

장유유서, 삼강오륜과 같은 유교적 가치관이 지배하는 수직사회에서는 보기 드문 트인 생각이다. 한유는 〈풍숙에 답하는 편지答馮宿書〉에서 역사적인 두 인물의 고사를 들어 배우는 자의 도리를 일깨웠다. "나의 잘못을 깨우쳐주는 사람이 곧 나의 스승이다. 자로子路는 자신의 잘못을 지적하면 기뻐했고, 우 임금은 훌륭한 이야기를 들으면 수레에서 내려와 두 번 절했다." 그러나 범인들은 타인이 자신의 잘못을 꾸짖으면 인정하려들지 않고 얼굴을 붉히며 대들기 마련이다.

끝으로 편협한 유학자로서의 모습이다. 한유는 노자와 불교를 철저히 배격했다. 〈원도原道〉에 보면 그의 도교와 불교에 대한 적개심이 적나라하게 드러난다. 노자의 견해를 '우물에 앉아서 하늘을 바라보는' 식의 관견管見으로 깎아 내렸다. '무위無爲'에 대해서도 일갈했다. "백성은 '무위'라고 하여 당연히 할 일을 하지 않으려고 하니, 이것이 과연 옳은 일인가?"라고 함으로써 '무위'의 오묘한 이치를 가볍게 내쳐버렸다.

불교 또한 오랑캐의 법으로 매도하여 이단시했다. 결론적으로 노불의 도를 막지 않으면 성인의 가르침인 유가의 도가 쇠퇴할 것이라고 경고했다. 아울러 도교와 불교 신봉자를 환속시키고, 관련 책들을 불태우며, 사찰이나 도교 사원을 헐어서 민가로 만들어야 한다는 것과 같은 일련의 강경한 주장을 폈다. 노자의 무위자연, 불교의 달관, 해탈 등 심오한 경지를 체득하려 하지 않고 애써 외면하려 한 데서 그의 무지와 편견이 드러난다.

한유가 살았던 시대나 오늘날이나 인간 군상들의 경박한 행태는 판에 박은 듯 빼닮았다. 〈유자후묘지명柳子厚墓誌銘〉에서는 조석으로 변하는 의리와 천박한 인심을 꼬집었다.

선비의 의리는 궁핍할 때 비로소 드러난다. 요즘 사람들은 서로 흠모한다고 말하며, 어울려 먹고 마시고 노닌다. 오라 하면 달려가고 살랑살랑 억지로 웃음 짓는다. 굽실거리고 낮추며 두 손을 부여잡고 간이라도 빼줄 것처럼 한다. 해를 가리키고 눈물도 흘리면서 죽어도 변치 말자고 맹세한다. 진짜 그럴 것처럼 보인다. 하지만 일단 머리털 같은 자그마한 이해관계에 부딪히면 안면을 바꿔 모르는 사람 취급한다. 함정에 빠져도 손을 내밀어 구해주지 못할망정 도리어 밀어뜨리고 다시 돌을 던진다. 세상 인심이 모두 그러하다. 금수와 오랑캐조차도 차마 하지 않는 일이다.[3]

쓰라린 경험 끝에 염량炎凉세태를 꿰뚫은 것이다. 여기에 등장하는 유자후는 '강설江雪'을 지은 유종원柳宗元을 말한다. 선비를 자처하는 자들도 이익 앞에서는 의리나 지조를 헌신짝처럼 버린 것 같다. 참다운 선비란 한유가 살았던 시절에도 자취를 감추었나 보다.

한유는 자신을 어떻게 바라보았는가? 자신을 안다는 것은 쉬운 일이 아니다. 한유는 자신의 내면을 깊이 들여다보았다. 그리고 자신이 떨쳐버리지 못하는 고루한 다섯 가지 결함을 발견했다. 이른 바 '오궁五窮'이다. 그는 이것을 '다섯 귀신五鬼' 또는 '다섯 근심五患'이라 표현했다. 이것들이 그를 굶주림과 추위에 떨게 한다고 했다. 오궁이란 무엇인가?

첫째, 지궁知窮이다. 둥글둥글한 것을 미워하고 반듯한 것을 좋아하며, 간사함을 싫어한다.
둘째, 학궁學窮이다. 학자들의 의견을 두루 참작하고 통찰하여 심오한 이치를 캐낸다.
셋째, 문궁文窮이다. 문장이 괴이하여 널리 쓰이지 못하고, 단지 혼자만 즐거워할 뿐이다.
넷째, 명궁命窮이다. 이득을 챙길 때는 남 뒤에 서고, 질책을 당할 때는 남 앞에 나선다.

다섯째, 교궁交窮이다. 친구를 위해서는 심장을 도려내고 간조차도 빼내준다. 보답을 기다리나, 돌아오는 것은 원망뿐이다.

한유가 자신의 고질적 병폐로 지적한 오궁은, 스스로에 대한 긍정과 강한 자부심의 표현이었다. 우리는 우리 자신을 얼마나 잘 알고 있는가? 인간이라면 누구나 허물과 약점이 없을 수 없다. 한유의 전기를 읽다 보면 젊은 시절, 대가족을 먹여 살리기 위해 벼슬을 구걸하는 모습, 간신배·아첨꾼에 둘러싸인 벼슬살이, 직언하다 좌천돼 유배지를 떠도는 모습이 애처롭게 다가온다. 범인들은 고위직에 오르고 노년에 이르면 젊어서의 기백을 잃고 현실에 안주하기 마련이다. 한유는 오히려 형부시랑 등 요직에 있었던 50대에 그 예기銳氣와 소신이 빛을 발했다. 꼿꼿한 선비로서 아름답게 마감한 그의 삶은 만세에 귀감이 될 만하다.

한유는 공직자상, 스승의 도, 학생의 자세, 우정과 의리, 자신의 내면에 대한 통찰 등 여러 면에서 우리에게 많은 것을 일깨워준다. '멘토'란 말이 난무하고 참 스승이 귀한 시대다. 멘토를 찾아 방황할 것이 아니라 책갈피를 뒤적여 올곧은 선비, 한유의 가르침을 되새겨보면 어떨까.

9

애국과 매국의 두 얼굴,
진회秦檜

충신이든 간신이든, 선인이든 악인이든 간에, 뜬 구름 같은 세상에서 잠시 얼굴을 내밀다 사라진다. 중국 민초들은 남송의 명장 악비岳飛(1103~1142)를 구국의 영웅으로 받든다. 그에 대한 추모 열기는 충무공 이순신 못지않다. 반면에 그를 모살한 화친파의 영수 진회(1090~1155)는 매국노라는 오명을 뒤집어 쓴 채 만고의 죄인으로 남아 있다.

서호西湖 가까이에 위치한 악비 묘 앞에 진회 부부가 상반신이 벌거벗겨진 모습으로, 두 손을 뒤로 포박당한 채 무릎을 꿇고 있는 조각상이 보인다. 이곳을 찾은 사람들이 저마다 침을 뱉어서 '침을 뱉지 마시오'라는 문구가 적혀 있다.

사람들은 '회檜'라는 글자를 꺼려, 이름을 지을 때에 이 글자를 사용하지 않는다고 한다. 서민들이 아침 식사로 즐겨먹는 '여우티아오油條'라는 간편한 음식이 있다. 반죽한 밀가루를 작고 길쭉하게 떼어내 기름에 튀긴 것으로, 진회를 증오하여 한때 '여우짜휘油炸檜(기름에 튀겨 죽일 인간 말종, 진회)'로도 불렸다.

당시 악비가 살해된 린안臨安(오늘의 항저우) 풍파정風波亭 부근의 분식 가게 주인들이 밀가루를 반죽하여 진회 부부의 모양을 본뜨고 붙여서, 부부의 목을 비틀어 팔팔 끓는 기름 솥에 던져 튀긴 데서 유래했다고 한다. 이처럼 진회의 죄행은 음식 속에도 그 잔영이 남아 일반인에게 영원히 저주의 대상으로 기억된다.

그는 정말 만고의 역적인가? 개인에게 책임을 지우기에 앞서 금에 화친을 애걸할 수밖에 없었던 나약한 송 왕조의 내부를 들여다봐야 한다. 송 왕조(960~1279)는 태조 조광윤 이래로 문치주의를 표방했다. 문치주의는 필연적으로 관료주의와 문약文弱을 낳고, 국방력의 약세로 이어진다. 거란족이 세운 요遼(티베트 계통인 탕구트족의 서하西夏), 여진족이 건립한 금金(1115~1234)은 번갈아가며 '약체' 송나라를 침공했다.

송과 연합하여 요를 격파하고 북방의 강자로 등극한 금나라는, 남송·몽고 동맹군에 의해 멸망하기까지 장장 1세기에 걸쳐 송을 괴롭혔다. 눈엣가시 같은 금 제국이 역사의 무대에서 사라진 뒤 반 세기 만에 남송도 동맹국인 몽고에 의해 붕괴됐다. 힘을 기르지 못하고 강대한 동맹국에 기댄 나약한 송 왕조의 비참한 말로다.

특히, 송나라는 예술적 천재 휘종 대에 이르러 무능의 극치를 드러냈다. 1126년 말, 금의 침공을 받아 수도 변경汴京(현 카이펑開封)이 함락되었다. 금나라 6만 정예군의 기세에 눌려 송의 100만 오합지졸은 추풍낙엽처럼 무너졌다. 1127년 3월, 휘종, 흠종, 위韋태후, 진회, 문무백관 등 3,000여 명이 포로로 끌려갔다. 이를 '정강의 변靖康之變'이라 한다. 이로써 북송(960~1127)은 종언을 고했다.

1127년 응천부應天府(현 허난성 상치우商丘)에서 휘종의 9남 고종 조구趙構가 나라를 세웠다. 이른바 남송 정권이 탄생한 것이다. '정강의 변' 이후 12년 뒤인 1139년, 남송은 금에게 궤배跪拜의 예를 갖추며, 신하국으로 전락했다. 이 때 병을 핑계로 장막 뒤로 숨은 고종을 대신하여 진회가 금의 사신 앞에 무릎을 꿇었다. 화친의 결과로 휘종의 시신과 위태후가 귀환했다.

1140년 금의 완안올술完顔兀術이 화약和約을 깨고 송을 침략했다. 올술은 이전에 이미 악비 군대에 대패한 후, 혼비백산하여 달아난 적이 있었다. 이번에도 악비가 이끄는 악가군岳家軍에 의해 참패를 당하고 철수했다.

악가군은 개인이 조직한 군대私家 軍隊로 중앙군대를 능가하는 조직력과 엄격한 기율, 전투력을 갖췄다. '악岳'의 깃발 아래, 악가군은 정저우鄭州와 뤄양洛陽 등 실지를 회복하며 파죽지세로 진군을 거듭했다. 금나라 사람들 사이에 이런 말이 돌았다. "산을 흔들기는 쉬워도, 악가군을 흔들기는 어렵다撼山易, 撼岳家軍難."

이처럼 악비는 금나라가 오금이 저리도록 두려워한 명장이자 군사 전략가였다. '얼어 죽더라도 민가를 훼손하지 말라. 굶어죽더라도 약탈하지 말라凍殺不拆屋, 餓殺不打擄'는 악가군의 철칙이었다. 악가군은 백성으로부터 칭송을 받았으며, 악비는 송 왕조 부흥의 희망으로 떠올랐다.

완안올술은 '악비의 목'을 조건으로 화친을 제의했다. 결국 진회와 고종의 공모로 악비의 병권을 박탈하고 반역죄를 씌워 처형했다. 서른아홉의 아까운 나이였다. 1142년에 화약이 이뤄져 화이허淮河(허난성에서 발원, 강소성으로 유입하는 강)~따산관大散關(현 싼시성陝西省 바오지 시寶鷄市 부근)~친링산맥秦岭山脉(중국의 중부를 동서로 가로지르는 거대한 산맥)을 경계로 하여 금과 남송의 경계가 획정되었다. 북방의 방대한 영토와 예물을 바치고 머리를 조아리며 불안정한 평화를 유지하게 된 것이다.

여기에서 잠시 진회의 이력과 행적을 훑어보자.[1] 가계는 보잘 것이 없다. 부친은 작은 고을에서 현령을 지냈을 뿐이다. 진회는 강녕江寧(지금의 난징) 출신이다. 금이 건립된 해인 1115년에 과거에 급제하여 진사가 됐다. 자수성가형의 비범한 인물임에 틀림없다.

밀주密州(현 산동성 주청諸城) 교수, 태학 학정太学 学正, 예부상서를 거쳐 고종 아래서 20년 가까이 재상을 지냈다. 진회는 시문과 서예에 탁월한 솜씨를 지녔다. 독창적인 서법을 구사한 것으로 이름이 높다. 진회는 이른바 '송체宋體(일명 진체秦体)'의 창시자로 불린다.

'정강의 변' 때 잡혀갔던 진회는 금 태조 아골타阿骨打의 사촌 동생이자 실력자인 다란撻懶의 휘하에서 환대를 받으며 지냈다. 능굴능신能屈能伸(대장부는 상황에 따라 굽히고 펼 줄 알아야 한다는 뜻)의 달인이었던 것이다. 호랑이 굴에서 나름대로 개인과 왕조의 생존(실제로 진회는 송씨 왕조의 유지가 금에도 유리하다는 주장을 담은 서한을 보냈음)을 위해 능란한 처세술·외교술을 펼친 것으로 이해된다.

1130년, 진회는 3년 동안의 억류 생활에서 풀려나 남송으로 돌아왔다. 친금주의자로 변신하여 금과의 화친을 내걸고 대대적인 주전파 탄압에 나섰다. 진회는 왜 화친파로 선회했을까? 아마도 두 황제와 고종의 생모 위태후, 고관대신 등 요인들이 볼모로 붙들려 있는 상황에서 강한 금의 군대에 곧바로 맞서기에는 송의 군사력이 열세라는 현실적 판단이 작용했을 것이다.

66세로 병사하기까지 진회는 금나라를 등에 업고 실질적인 1인자로 행세했다. 그는 고종의 주변을 측근, 심복으로 배치했다. 신변에 위협을 느낀 고종은 호신용 단도를 장화 속에 감추고 다녔으며, 진회가 사망한 후에서야 단도를 버렸다는 일화가 전한다.

영종寧宗 대에 들어 진회에 대한 재평가 작업이 이뤄졌다. 추서됐던 작위가 박탈되고, 시호도 충헌忠獻에서 무추繆醜(얽을 무, 더러울 추)로 바뀌었다. 죽어서도 '추물' 신세를 면치 못한 것이다.

두산 백과사전에 기술된 진회에 대한 평가는 비교적 후한 편이다. 요약하면 이렇다. "유능한 관리로서 균형적인 외교 감각을 발휘했으나 간신으로 낙인이 찍혔다." 간신 관련 저술에 정열을 기울여 온 김영수는, 보편적인 중국인의 시각에서 한 발 더 나아가 진회를 '구국의 영웅을 해친 중국사 최악의 매국노', '초특급 간신', '금과 내통한 첩자'로 규정했다. 반면에 《4천년 중국사를 만든 중국인 이야기》를 지은 이나미 리츠코井波律子는 '객관적인 시각을 지닌, 냉철한 현실 정치가'로 평가했다.

남송은 진회 등의 노력으로 금과 화친책을 유지한 탓에 왕조가 급전직하로 몰락하는 상황을 피했으며, 150여 년간 존속했다. 남송은 그런데로 강남 일대의 비옥한 땅에서 풍요를 누렸다. 오히려 줄곧 송을 유린했던 금나라가 남송보다 반 세기 앞서 붕괴됐다. 진회를 매국노로만 몰아가서는 안 될 이유가 여기에 있다. 중국 정부의 악비에 대한 평가도 바뀌는 추세다. 민족의 영웅에서 충성스런 군인으로 그 격을 낮추었다. 소수민족이 세운 정권도 엄연한 중국사의 일부라는 시각이 반영된 결과다.

계승범은《우리가 아는 선비는 없다》에서 역사적 인물을 평가할 때, '현실성', '보편성', '역사성', '책임성'에 입각해야 오류를 줄일 수 있다고 했다. 이러한 기준을 근거로 진회를 평가하자면, 재상으로 집정하는 동안 남송의 정권 유지와 안녕을 위해 나름대로 제 몫을 다 했다고 볼 수 있다.

'예리함을 감추고 은밀히 실력을 기른다'는 도광양회韜光養晦의 관점에 비추어, 결사항전에 나섰던 악비는 절대 선이요, 화친정책을 폈던 진회는 절대 악이라는 이분법적인 시각에서 벗어나야 진회의 참모습을 제대로 볼 수 있을 것이다.

주원장의 책사,
유백온劉伯溫의 슬픈 노래

"제갈량은 천하를 삼분했고, 유백온은 강산을 통일했다네." 민간에 떠돌던 얘기다. 유백온(본명 유기劉基, 1311~1375)은 장량, 제갈량과 더불어 중국 역사상 3대 책사로 꼽힌다. 그는 문장·경서·천문·지리·병법에 정통했다. 유백온은 오늘날에도 중국의 서민들에게 많은 얘깃거리를 제공한다.

어느 날 평소 습관대로 섬서성陝西省 모 사범대학 후문을 지키는 50대 중반의 경비원 장張씨에게 말을 걸었다. 장씨는 20여 년 전, 인천의 모 하수처리장에서 노동자로 일한 적이 있다며 한국에서 온 이방인 선생을 반갑게 대했다.

마침 유백온이 등장하는 드라마 '주원장 전기'를 보고 나온 터라, 유백온이 누구며 유백온은 누가 죽였느냐고 슬쩍 물어보았다. 그러자 기다렸다는 듯이 입에 거품을 물고 그의 행적과 죽음에 이르기까지 일장연설을 늘어놓는다. 유백온이란 인물에 대해 훤히 꿰고 있었던 것이다. 그의 말을 듣고 있던 동료 경비원이 한마디 거든다. 주원장의 지시로 호유용胡惟庸이 유백온을 독살했다는 것이다. 이처럼 유백온은 밑바닥 사람까지도 벗하며 예찬하는 인물이다.

유기는 청전青田(현 절강성 온주시溫州市 문성현文成縣) 사람으로서 명문가의 자손으로 태어났다. 어려서부터 책을 가까이 했으며, 기억력이 비상하여 한 번 배운 내용은 잊지 않았다. 그에게 신동이란 별호가 따라 붙었다.

원의 마지막 황제 순제順帝가 집정하던 1333년, 23세에 원의 수도인 대도大都(오늘의 베이징)에서 치르는 회시에 합격하여 진사로서 벼슬길에 올랐다. 그러나 성품이 곧은 데다 몽고인과 색목인을 우대하는 원의 차별정책으로 홀대를 당했다. 한인漢人에 이어 제4계급인 남인(남송인이 주류)에 속했기 때문이다. 26세 때인 1336년에 고안현 현승高安縣 縣丞으로 부임하여 원칙적인 일처리로 백성들로부터 신망이 두터웠다.

원 말기에 접어들자 사회가 매우 혼탁했다. 청렴하고 강직한 그는 불의를 보면 참지 못했다. 미운털이 박혀 고초를 겪는 것이 유기의 숙명처럼 되어버렸다. 결국 몽고 관리와 지방 토호들의 모함을 받아 벼슬을 그만두고 고향 청전으로 내려와 은거했다. 그래서 그에게 붙은 별칭이 '유청전'이었다.

그 무렵 푸젠성福建省 해안 일대를 무대로, 소금 밀매업을 하던 방국진方國珍이 원 조정에 불만을 품고 거병했다. 인재 기근에 허덕이던 원 조정은 다시 유기를 불러들였다. 유기는 방국진의 무리를 격퇴한 일로 크게 이름을 떨쳤다.

천하통일을 꿈꾸던 주원장이 남경을 점령하고 유백온의 고향에까지 세력을 넓혀 왔다. 그에게 주원장의 군대는 한낱 '비적'에 불과했다. 그는 방국진의 반격에 대비하여 민병을 기르며 대세를 관망하는 한편, 출사할 날을 손꼽아 기다렸다. 백온의 다음 글에 포부를 펼치려는 그 자신의 솔직한 감정이 묻어난다.

하늘과 땅 곳곳에 깃발이 가득 펄럭이는데, 고기 먹는 사람 어느 누가 고사리 먹는 사람에게 계책을 묻겠는가?[1]

주원장은 유기를 그의 장막으로 불러들였다. 오랜 은거 생활을 청산하고, 그가 성토했던 '도적 무리'에 귀부歸附한 것이다. 세인들은 그의 초빙을 두고, 삼고초려에 비유하기도 한다. 주원장은 스승의 예를 다해 그를 모셨다. 예현관禮賢館을 지어 유기, 송렴宋濂을 비롯한 현사들이 거처하도록 배려했다. 1860년, 주원장의 나이 33세, 유기의 나이 50세 때의 일이다. 이때 유기는 천하의 형세와 안위를 언급한 이른바 '시무십팔책時務十八策'을 지어 바쳤다.

몇 가지를 소개하면 이렇다. 현자를 받드는 것이 정치의 요체다. 전쟁 중에도 농사를 소홀히 해서는 안 되며, 밭을 가는 중에도 전쟁을 잊어서는 안 된다. 전쟁에 능한 자는 적의 정세를 잘 살핀다. 천하를 얻으려는 자는 민심을 얻어야 한다得天下者, 得民心. 민심을 얻기 위해서는 형벌을 가벼이 하고 세금과 부역을 덜어줘야 한다. 유교를 기초로 풍속과 기강을 바로잡고 백성의 교화에 힘써야 한다.

원 말에는 군웅이 할거했다. 소금밀매업자 출신 장사성張士誠이 소주를 근거지로, 어부출신으로 힘이 장사에다 무예가 뛰어난 진우량陳友諒이 강서江西 일대에서, 주원장을 가운데 두고 동과 서에서 압박했다. 진우량은 천하제패의 야심이 있는 자로서, 그의 세력은 강서성·호북성·호남성·광서성 일대에 달했다. 진우량의 군대는 병력의 수와 질, 병사의 사기 측면에서 모두 주원장의 군대를 압도했다.《주원장전》의 표현을 빌리자면 '닭장 속의 닭처럼 손만 뻗으면 닭(주원장)을 잡을 수 있는 형국'이었다.

주원장이 응천應天(남경) 막부에 도착한 유기에게 진우량과 장사성 군대의 동향 등 적의 정세에 관해 묻자 그가 답했다. 유명한 두 사람 간의 침실 밀의密議를 요약하면 아래와 같다.

> …위험한 주적은 진우량인데, 그는 정병과 대선을 보유하고 있는데다 우리의 상류에 버티고 있으며 야심도 큽니다. 진우량의 군대는 사기도 왕성하고 수군 또한 우수합니다. 먼저 힘을 집중하여 진우량을 쳐서 패퇴시키면, 장사성의 군대는 고립되니 단번에 평정할 수 있을 것입니다.[2]

주원장은 유기의 주언에 따라 먼저 진우량의 군대를 공격했다. 유기의 지략과 묘책이 진가를 드러냈다. 중국 최대의 담수호인 파양호鄱陽湖

에서 이른바 '파양호 혈전'을 벌여 20만 군대로 진우량의 60만 대군을 격파했다. 허위 정보 유포, 거짓 투항, 반간계, 유인 등으로 본거지 습격, 매복, 기만·기습 및 화공작전을 구사하여 거둔 승리였다. 유기의 신책神策은 대부분 적중했다. 주원장은 그를 '나의 장자방吾之子房也!'이라며 흡족해 했다.

주원장에게 유기는 생명의 은인이나 마찬가지였다. 한 번은 파양호 전투에서 주원장이 탄 배가 진우량 군대에 의해 집중 포격을 받자, 주원장에게 속히 배를 갈아타도록 함으로써 죽음의 문턱에서 그를 구했다.

1367년, 주원장의 지시로 유기·이선장·도안陶安 등 20여 명이 법전의 제정에 착수했다. 이듬해, 조선 500년을 지배한《대명률大明律》이 최초로 모습을 드러냈다. 1368년 명 왕조가 개국했다. 건국 초, 유기 등의 건의에 따라 군위법軍衛法을 제정하고 대사면령을 내려 국방과 민심의 안정을 꾀했다. 이 법에 의거, 병사들은 평소에 영농활동을 하고 전시에 전투에 투입되어 과도한 군사비 지출을 줄일 수 있었다.

'강산은 바꿀 수 있어도 본성은 바꿀 수 없다江山易改 本性難易.' 중국인들이 즐겨 사용하는 속담이다. 젊어서부터 원칙과 소신으로 일관했던 유백온에게 많은 적이 생겨났다. 장량을 자처했던 유백온의 대인관계는 매끄럽지 못했다. 유방의 고향 측근들과 원만한 관계를 유지했던 장량과 비교되는 대목이다.

그는 절동浙東(영파寧波, 소흥紹興, 주산舟山, 태주台州, 온주溫州 일대) 지주집단으로 분류되어, 회서파淮西派(오늘날 안휘성 안경安慶, 하남성 광주光州, 호북성 황주黃州 일대)의 실력자인 이선장·호유용 등으로부터 집중 견제를 받았다. 이선장의 측근인, 탐관 이빈李彬이 법을 어기자 원칙대로 그를 처형했다. 이로 인해 유백온은 이선장 일파의 눈엣가시가 되었다.

어느 날 주원장이 이선장 후임으로 적절한 승상감을 찾던 중에 유백온을 불렀다. 주원장은 양헌楊憲, 왕광양汪廣洋, 호유용을 차례로 거명하며 그의 의견을 물었다. 그는 세 사람 모두 재목감이 못된다고 했다. 특히, 호유용을 두고 이렇게 혹평했다. "호유용은 가마를 모는 말에 비유할 수 있습니다. 말이 가마를 뒤엎어 버릴까 두렵습니다譬之駕, 懼其償轅也."

주원장이 유백온을 적임자로 여겨 승상 자리에 앉히려 하자, 자신은 질투와 증오심이 많고 그릇이 작아 번잡한 정무를 맡기에 부적절하다며 극구 사양했다. 회서파가 장악한 명 조정에서 승상직을 감당하기가 버거웠을 것이다. 결국 주원장은 유기의 충언을 무시한 채 호유용, 왕광양을 승상에 기용했다.

자신이 배척했던 호유용이 요직에 오르자 울분을 감추지 못했다. 부인의 죽음을 구실로 사직하고 고향으로 돌아왔다. 낙향한 그에게 횡액이 찾아들었다. 모욕을 당한 호유용이 그를 가만 내버려둘 리 없었다.

호유용이 주원장에게 그를 모함했다. 유기가 지방관과 공모하여 왕의 기운이 서려 있는 담양談洋 땅에 자신의 묘를 세우려 한다는 것이었다. 담양은 소금밀매업자와 해적의 소굴이자 방국진이 거병한 곳이었다. 유기는 병약한 몸을 이끌고 수도로 달려와서 해명하기 위해 주원장을 알현했다. 그러나 이미 주원장의 신임을 잃었고, 봉록도 박탈당했다. 병이 위중하자, 고향에 내려가 요양하다 65세를 일기로 한 많은 삶을 마쳤다.

그의 죽음을 둘러싸고 추측이 무성하다. 주원장의 지시로 호유용이 살해했다는 설, 호유용이 와병 중인 그를 방문하여 마시던 약에 독약을 타 넣어 죽였다는 설, 호유용이 자객을 보내 살해했다는 설 등이 그것이다.[3]

어사중승御使中丞, 홍문관 학사學士 등을 지낸 백온은 성의백誠意伯이란 작위를 얻었으며 후손에게 세습됐다. 한국공韓國公 이선장의 봉록이 4000석인데 비해, 그의 봉록은 240석에 불과했다. 그 스스로 개국공신으로서의 후한 예우를 사양한 탓이다. 세월이 흐른 뒤 주원장은 내내 그의 죽음을 애석해 했다.

유기는 송렴宋濂, 고계高啓 등과 더불어 '명초 시문 3대가'로 불린다. 유백온 관련 기록으로《명사明史》〈유기전劉基傳〉,《성의백 문집誠意伯 文集》20권이 전한다. 이 문집에는 부賦, 시, 사詞 등 1600여 수와 각종 글 230여 편이 수록되어 있다. 주요 저서로《욱리자郁離子》,《이미공집犁眉公集》,《백전기략百戰奇略》 등을 남겼다. 아울러 오함의《주원장전》에도 그의 이름과 행적이 곳곳에 나타난다.

그의 대표작인《욱리자》는 태평성대에 이르는 치국의 도를 서술한 것으로서, 원말 혼란한 사회 분위기 속에서 저술됐다. 우언寓言을 주로 사용한 일종의 산문집으로서, 욱리자는 유기가 지어낸 이상적 인물이다. 내용은 개인 · 가정 · 사회 · 정치 · 군사 · 외교 · 신선술 등 광범위한 영역을 포괄했다.

유백온의 예견대로 그의 사후 5년 만인 1380년, 국법질서 문란, 권력 농단죄로 호유용과 9족이 몰살됐다. 이른바 '호유용의 옥獄'이다. 호유용이 죽은 다음에도 일본 · 몽고와 내통해 모반을 했다는 죄목이 추가됐다.

이 사건에 연좌되어 죽은 자가 무려 1만5천~3만 명에 이르렀다고 한다. 호유용이 죽은 지 10년 만에 77세의 이선장도 호유용 사건에 연루되어 처자식, 조카 등 70여 명이 죽었다. 오함의 《주원장전》에 따르면, 주원장이 개국공신을 모조리 학살한 의도는 권력 독점에 있다고 했다.

유기가 죽은 다음 두 아들도 비명에 갔다. 장남 유연劉璉은 호유용 당파와 충돌하여 내몰리다 우물에 투신해 죽었다. 차남 유경劉璟은 명 성조 영락제 면전에서 "전하 백세 후 '찬纂(찬탈)'이란 한 글자를 피해갈 수 없다殿下百世后, 逃不得一纂字"고 바른말을 하여 투옥되어 옥중에서 목매어 자살했다. 유기 세 부자의 슬픈 이야기다.

유백온에 대한 후대 작가들의 평가는 천편일률적으로 매우 후하다. 리정李政은 《권력의 숨은 법칙》에서 유백온은 권력을 멀리하고 매사에 신중을 기한 덕분에 일족이 온전하게 살아남았다고 기술했다. 그를, 권력 한 가운데 있으면서도 권력과 초연한 인물로 묘사한 것이다.

찌아원홍賈文紅은 《중국의 인물열전》에서 '세상의 이치를 손바닥에 놓고 들여다 본 인물'로 띄웠다. 홍문숙·홍정숙이 엮은 《중국사를 움직인 100인》에도 유백온이 등장한다. 이 책에서는 그를 '과거와 미래를 꿰뚫어 본 예언자'로 극찬했다. 모두 유기를 신비스런 인물로 미화하거나 가공했다. 이는 호사가들이 부린 '말재주'에 불과하다.

백온은 주원장을 15년 가까이 섬겼다. 권력은 '벌겋게 달아오른 난로'와 같다. 그는 권력의 생리를 간파하고 권력과 일정한 거리를 두었다. 또 권력을 '낚시 바늘에 꿰인 미끼'로 보고 경계했다. 백온은 표변約變을 일삼았던 주원장이라는 권력과 거리를 둬 가까스로 일족이 몰살당하는 화를 면했다.

유백온은 사주나 명리학命理學을 연구하는 사람들에게 회자된다. 그가 상세하게 풀이한《적천수滴天髓》는 명리학의 고전이 되었다. 이 책은 명리학 입문자라면 누구나 한 권씩은 가지고 있을 정도로 대중적 인기가 높다고 한다.

그들 사이에 유백온은 처세의 달인, 처세의 대가로 통한다. 그러나 이는 와전된 것 같다. 사주명리학자 김재원은 유백온을 타고난 재주에 비해 관운이 약한 인물의 전형으로 꼽았다. 이 말의 이면에는 그의 굴곡진 벼슬길, 그리고 그와 두 아들의 슬픈 최후가 깃들어 있다.

올곧은 성품으로 인해 화를 불러들였던 유백온은 처세의 달인이 아니라 오히려 처세에 둔감했던 것은 아닐까. 강직한 자는 악역을 맡게 되고 슬픈 운명을 맞이한다. 그에게, 공을 이룬 뒤 철저히 몸을 숨겨 한 몸을 잘 보존했던 유방의 책사, 장량의 지혜가 못내 아쉽다.

II

명태조 주원장朱元璋과
토사구팽의 비극

　"키가 크고 시커먼 얼굴에 광대뼈가 솟았으며, 주먹코와 큰 귀에 눈썹
이 짙고 큰 눈망울에다 턱이 이마보다 앞으로 더 튀어나왔다. 정수리에
도 뼈가 마치 작은 언덕처럼 솟아 있었다. 보기 좋게 생긴 몰골은 아니었
으나, 나름대로 균형이 잡혀 있고 위엄과 침착함이 흐르고 있어 누구든
지 그를 한번 보면 다시는 그 괴상한 모습을 잊을 수 없었다."

　오함吳晗이 지은 《주원장전》의 제1장에 나오는 얘기다. 명나라의 초
대 황제인 주원장(1328~1398)의 초상화는 두 종류가 전한다. 사실에 기
초해 그린 주원장의 초상화를 들여다보면, 심한 주걱턱에다 수염이 별로
없고 얼굴과 콧잔등에 주근깨가 더지더지 붙어 있다. 눈썹과 눈꼬리가
치켜 올라갔으며 눈매 또한 매섭다. 기괴한 주원장의 생김새를 대하면,

신언서판身言書判이란 고전적 척도가 무색할 지경이다.

소작인 주오사朱五四의 늦둥이로 태어난 중팔重八(원장의 아명)은 어린 시절 잔병을 앓아 몇 차례 죽을 고비를 넘겼다. 그가 자라날 무렵인 원말은 몽고 관리의 착취와 수탈, 기근, 메뚜기 떼의 습격으로 민심이 흉흉했다. 집집마다 돌림병으로 인해 하루에도 수십 명이 나자빠졌다.

주원장은 안휘성 평양鳳陽 사람이다. 서달徐達, 탕화湯和, 주덕흥周德興 등과 소꼴을 먹이며 어린 시절을 보냈다. 서달은 서너 살 아래였고, 탕화나 주덕흥은 원장보다 몇 살 위였다. 주원장은 일찍부터 사람을 부릴 줄 알았다. 말수가 적었고 지혜로웠으며, 의리 있고 책임감이 강해서 모두들 그를 믿고 잘 따랐다.

그가 16세 때 양친과 장남 중사重四가 연이어 죽었다. 겨우 살아남은 중팔은 초근목피로 연명했다. 황각사皇覺寺의 행자, 떠돌이 탁발승으로 끼니를 이어갔다. 머리에 붉은 띠를 두른 홍건군이 도처에서 봉기하자 그도 이 대열에 뛰어들었다.

과묵함·탁월한 통솔력·겸양과 지모를 바탕으로 승승장구하여 마침내 천하를 놓고 혈투를 벌이는 군웅 가운데 한 사람이 됐다. 지식이 일천했지만 독서와 학문의 중요성을 인식하여 배우고 또 익혔다. 글 깨나 읽은 사람들을 부러워하고 존중했다. 유기劉基나 송렴宋濂 같은 현자를 초빙하여 경청하고 부하들의 건의에도 귀를 열었다. 요즘 흔히 하는 말로 '소통의 리더십'을 발휘한 것이다.

오함은 주원장이 군웅들을 물리치고 승리하게 된 군사적 요인을 다음과 같이 분석했다.[1]

- 비교적 엄격한 기율을 유지했다.
- 풍부한 식량 생산 근거지를 확보했다.
- 둔전정책을 폄으로써 군량을 자체 조달할 수 있었다.
- 철저히 적정을 살폈고, 치밀하게 정보공작을 전개했다.

홍무洪武 원년인 1368년, 만 40세의 나이로 주걱턱 주중팔이 황제로 등극했다. 빡빡 깎은 머리에 노숙자처럼 떠돌다, 무명의 일개 병졸로 홍건군에 투신한 지 15년만의 일이었다. 개천에서 용이 난 것이다. 원장은 황제가 된 후 초심을 완전히 잃었다. 독단·아집·시기·의심·분노·잔인·비열 등은 이 시대 주원장의 성정性情을 적절히 표현한 단어들이다.

그의 앞에는 6국공六國公, 28후侯 등 개국공신들이 제각기 위엄을 뿜냈다. 이들은 파양호 혈투를 비롯한 무수한 전투에서 혁혁한 전공을 세웠다. 어릴 적 고향 동무, 서달·탕화·주덕흥도 불멸의 전공을 세우고 공신의 반열에 올랐다. '주원장의 소하'蕭何라 불렸던, 14살 위의 이선장은 한국공韓國公에 봉해졌다.

그러나 권력을 분점하기란 쉽지 않다. 자신을 도와 천하를 쟁취했던 공신들이 어느새 눈엣가시가 됐다. 주원장은 특무조직인 검교檢校, 금의위錦衣衛를 휘하에 두고 24시간 이들의 일거수일투족을 감시했다. 서슬 퍼런 특무요원의 감시망을 피해갈 사람은 아무도 없었다. 겉으로 드러난 공신들의 죄목은 대부분 역모·부정부패·수뢰·횡령 등이었다. 그러나 황제의 심기를 건드려 '오만무례죄', '괘씸죄'가 추가된 것 같다. 여기에 제시한 공신들의 죄목은 이견이 분분하여 주로 오함의《주원장전》을 근거로 했다.

주원장은 혈족이나 공신을 가리지 않고 눈에 거슬리면 하나씩 없애버렸다. 사약을 내리거나 채찍을 가해 살해하는 방식이었다. 명 왕조 개국 전에 대도독大都督 주문정이 제거됐다. 주문정은 친조카이자 양아들로서, 진우량의 60만 대군을 고립무원의 상태에서 홍도洪都(지금의 남창南昌)를 석 달 가까이 방어했다. 주원장 집단의 핵심인물이었던 주문정은 논공행상에 불만을 품고 함부로 행동하다 연금됐으며 채찍에 맞아 죽었다.

1375년, 덕경후德慶侯 요영충寥永忠이 용봉龍鳳 연호를 함부로 사용하다 사약을 받았다. 1380년, 이른바 '호유용胡惟庸 모반사건'으로 숙청의 서막이 올랐다. '호옥胡獄(호유용 옥사 사건)'으로도 불린 이 사건은 장장 15년 가까이 진행됐으며, 이로 인해 공신을 포함하여 3만여 명이 처형됐다. 극에 달한 황제의 분노는 제어할 길이 없었다. 호유용을 죽인 뒤 주원장은 승상 직위를 없애버렸다.

호유용은 이선장과 같은 정원定遠(안휘성 동부) 사람이었다. 이선장의 천거로 중서성의 요직에 발탁됐으며 우승상을 거쳐 마침내 '일인지하 만인지상'의 좌승상 자리에 올랐다. 의심 많은 주원장에게 국정을 함부로 주무르는 호유용은 속히 제거해야 할 '가시'에 불과했다.

《명사》〈호유용전〉에 기술된 그의 죄상을, 펑위쥔馮玉軍은《십족을 멸하라》에서 다음과 같이 정리했다.[2]

- 죄인의 생사를 임의로 결정
- 관리들의 승진·강등·상벌 남용

- 정무를 임의로 판단하여 처리
- 길안후 육중형吉安侯 陸仲亨, 평량후 비취平凉侯 등 황제에게 문책 당한 자들과 모반
- 베트남 사절단의 입궁을 보고하지 않음
- 아들이 말에 떨어져 죽자 마차를 몰던 마부를 함부로 살인

그의 사후에도 일본 및 원나라 잔당과의 내통죄 등 죄목이 속속 추가 됐다. 오함은 《호유용 당안고黨案考》에서 호유용의 죄상은 대부분 근거 없는 것들로 억울하게 누명을 썼음을 밝혔다.[3]

대학사 송렴은 주원장이 천하 쟁패에 나설 무렵, 주원장의 부름을 받았으며 태자의 스승을 지낸 인물이다. 그는 68세 되던 해 벼슬을 내려놓고 낙향했다. 그의 은퇴를 아쉬워하던 주원장은 그에게 만수무강을 기원하는 뜻에서 '백세의百歲衣'를 지어 입으라며 비단 한 필을 하사했다. 그러나 결국 송렴마저 내쳤다. 손자 송신宋愼이 호유용 모반 사건에 연루되자, 1381년 그도 귀양길에 올랐으며 화병으로 죽고 말았다.

1384년 외조카이자 주원장의 양자였던 조국공曹國公 이문충李文忠도 직언을 하다 양부의 눈에 거슬려 독살 당했다. 살육 행위를 줄이고, 왜와 전쟁을 벌이지 말며, 환관을 지나치게 의지하지 말라고 충간하여 미움을 산 것이다. 같은 해 금령을 어겼다며 대장군 임천후臨川侯 호미胡美도 처형했다.

1385년, 오랜 전우였던 위국공魏國公 서달 또한 비극적 최후를 맞이했다. 쩌우지멍鄒紀孟은 《권력규칙》에서 그의 죽음을 이렇게 묘사했다.

서달은 주원장에게 한신과 같은 존재다. 주원장과 일생동안 고락을 같이하며, 주원장이 치른 주요 전투에 모두 참가했다. 원의 마지막 황제, 순제가 그에게 쫓겨 도주했다. 원의 주력을 궤멸시켰으며 북경을 탈환했다. 전투 때마다 매번 선봉에 섰다. 인품도 고매했으며 재물도, 여색도 탐하지 않았다. 듬직하며 과묵한 성격의 소유자인 서달을, 주원장도 '해와 달처럼 빛나는 인물'로 칭송했다. (…) 서달의 등에 등창이 생겼다. 등창에 피해야 할 음식이 바로 찐 거위 고기蒸鵝肉라고 한다. 찐 거위 고기를 먹으면 반드시 죽는다는 것이다. 주원장은 찐 거위 한 마리를 하사했다. 서달은 가족에게 더 큰 재앙이 닥칠까 두려워 찐 거위 고기를 먹고 죽음을 맞이했다.[4]

호유용 사후 10년 만인 1390년, 77세의 이선장에게도 불똥이 튀었다. 이선장은 공신 서열 1위로서 아들 이기李祺와 원장의 장녀 임안臨安 공주가 혼인함으로써 사돈관계를 맺었다. 그는 주원장과 같은 회서淮西 출신으로서, 백관을 이끌고 주원장의 황제 등극 의식을 주재했다. 그러나 10년 전 사건을 들춰내 호유용 역모 사실을 알고도 고발하지 않았다며 처와 딸, 조카 등 70여 명을 몰살했다. 지난 날, 주원장은 이선장을 어떻게 평가했는가?《권력규칙》에는 이렇게 적혀 있다.

…선장이 짐의 휘하에 찾아들어 같이 마음을 모아 계책을 짜내고 양자강을 함께 건너 남경에 자리 잡았노라. 1, 2년 사이에 수십만 군사를 모아 천하를 누비며 정벌하는 동안, 선장이 나라 안에 남아 식량과 병기를

각지로 운송했는데 단 한 번도 모자란 적이 없었다. 또한 후방을 다스림에 있어 군대와 백성을 화목하게 하고 위와 아래를 서로 평안하게 했으니, 실로 하늘이 짐에게 내린 사람이다.[5]

주원장은 하늘이 내린 인물 이선장에게 '면사철권免死鐵券(목숨을 보장하는 징표)'을 내려 죽음의 공포에서 벗어나게 했다. 그러나 손바닥 뒤집듯 말을 바꾸며 개국 원로를 제거한 것이다.

1392년, 원장과 호형호제하던 강하후江夏侯 주덕흥은 부인의 품행 문란죄로 살해됐다. 토사구팽의 비극은 반복됐다. 1393년에 대장군 양국공凉國公 남옥藍玉 모반 사건이 벌어졌다. 이 사건은 '남옥藍獄'이라 불렸다. 남옥은 상우춘常遇春과 서달이 죽고 나서 군대를 통솔하여 정복 전쟁에 나서 큰 공을 세웠다. 그러나 그도 금의위의 섬세한 촉수에 걸리고 말았다.

겉으로 드러난 그의 죄명은 이렇다. 권세를 믿고 횡포를 부렸으며, 관직이 낮다고 불평불만을 일삼았다. 마음대로 장교의 승진과 파면을 결정했다. 그에게도 전가의 보도처럼 '패씸죄'에다 '방약무인죄', '제멋대로 한 죄'가 보태졌다. 이 사건으로 남옥 휘하의 맹장들이 모조리 처형당했으며 살육이 계속됐다. 여기에 연좌되어 죽은 자가 무려 1만5천여 명에 이르렀다고 한다.

주원장은 거의 한 세대에 걸친 피비린내 나는 숙청을 벌였다. 그 뒤 어느 날 '가시 돋친 지팡이'를 땅에 놓고 후계자인 아들 주표朱標에게 훈계했다. 유명한 '가시 돋친 지팡이' 일화는 구구각색이나 근본 줄거리는 대동소이하다. 다음은 리정李政의《권력의 숨은 법칙》에서 발췌한 내용이다.

> 하루는 태자를 데리고 교외로 나간 주원장이 길가에 떨어져 있는 '가시지팡이'를 가리키며 태자에게 말했다. '가서 주워 오너라.' 태자가 어리둥절해하며 지팡이를 주우러 다가가 보니 온통 가시투성이라 난감했다. 그 모습을 지켜보던 주원장은 시종에게 곁에 있는 가시들을 모조리 제거하게 했다. 그러자 선뜻 지팡이를 받아 가져오는 태자를 보고 주원장이 말했다. 가시 돋친 지팡이를 손으로 잡기 어렵듯이, 신하가 스스로를 대단히 여기고 오만하면 다스리기 어렵다. 내가 개국공신들을 일일이 죽인 이유는 너를 찌르지 못하게 하기 위해서였다. 그래야만 장차 네가 신하들을 자유자재로 부릴 수 있기 때문이다.[6]

주원장과 함께 간난신고를 겪으며 '지팡이' 역할을 했던 장군·가신 그룹들이 토사구팽의 대상으로 전락한 것이다. 그러나 '주씨 천하'를 이어갈 태자 주표朱標가 39세에 갑자기 죽었다. 그러자 15세에 불과한 손자 윤문允炆에게 황위를 물려주는 데 위협이 되는 마지막 가시 제거에 나섰다. 1394년, 송국공宋國公 풍승馮勝과 다음 해에 영국공穎國公 부우덕傅友德도 누명을 씌워 참수하거나 독살했다.

숙청의 늪에서 기적적으로 살아남은 자들도 있다. 고향 형뻘인 탕화는 병권을 스스로 반납하고 낙향하여 멸족의 화를 면했다. 조국공曹國公 이경륭李景隆(이문충의 아들), 무정후武定侯 곽영郭英, 숭산후崇山侯 이신李

新 등은 상당 규모의 봉토와 재산, 노복 등을 토해내고 규정대로 세금을 냄으로써 화를 면했다.

빈천한 농민 집안 출신에다 떠돌이 중 생활을 한 주원장은 출신과 가문에 대한 지독한 열등감을 지녔던 것 같다. 그리고 '승僧', '적賊', '광光(빡빡머리)', '독禿(대머리)' 등의 글자에 민감했다. 뿐만 아니라 사람 이름에 천天, 국國, 군君, 성聖 등의 글자를 쓰는 것을 금했다. 터럭 하나라도 흠집을 잡아서 처단했다. 소위 '문자옥文字獄'이다. '문자옥'은 홍무 17년부터 홍무 말기까지 13년에 걸쳐 지속됐다. 문자옥으로 희생된 사람만도 10만여 명에 이르렀다. 주원장 시대는 보기 드문 광기의 시대, 살육의 시대였던 것이다.

명사明史 연구의 권위자 오함은, 1376년의 '공인空印(인장이 찍힌 백지 문서) 사건'과 1385년의 '곽환郭桓 양곡 횡령 사건'으로 7~8만여 명이 처형됐다고 증언한다. 양대 사건과 '호옥', '남옥', '문자옥'으로 희생된 사람을 포함하면, 어림잡아도 20만 명 이상의 인재를 도륙한 것이다. 폭군 주원장의 몰골을 떠올리자 희대의 살인마, 인간 도살자의 모습이 그려진다. 드라마 〈주원장 전기〉에 보면, 죽음을 앞둔 주원장이 나지막이 읊조리며 참회한다. "악행을 저지르면 반드시 죽는다多行不義, 必自斃!"

오함은 주원장에게 비교적 후한 점수를 주었다. 주원장에 대한 그의 평가는 이렇다. 천하를 안정시켜 백성들이 발 뻗고 잘 수 있게 했다. 노예를 해방시켰고, 농업생산을 장려하고 상업을 보호하여 경제적 기초를 다졌다. 엄격한 법 집행으로 탐관 수가 현저히 줄어들었다. 즉 과오보다 공로가 크다는 것이 그의 견해였다.

이에 반해 《추악한 중국인》의 저자로 널리 알려진 보양柏楊은《중국인 사강中國人 史綱》에서 독설을 퍼부었다. "주원장은 비열한 심리를 지닌 인물로, 이상하게도 관원과 사대부들이 높은 지위를 유지하는 데 강한 질투를 느꼈다. 그는 이 같은 심리적 불만을 해소하기 위해 공신들을 박해한 것이다."[7]

주원장은 30년을 집권했다. 그는 '주씨 천하'를 길이 보전하기 위해 재위 기간 내내 '피의 향연'을 벌였다. 주원장 시대에 되풀이 된 토사구팽의 비극은 우리에게 다시 한 번 권력의 비정함을 일깨워준다. 권력의 늪은 어둠이 깔린 늪지처럼 음산하다. 권력의 늪에 빠져 죽지 않으려면 권력을 멀리 하는 수밖에 달리 방도가 없다.

12

진흙 속에 묻힌 진주,
이탁오 李卓吾의 부활

　좁디좁은 이 땅에서, 좁쌀만 한 권력과 빵 몇 조각으로 입에 재갈을 물리려는 자와 재갈을 집어던지고 외치는 자의 투쟁이 반복된다. 그러나 대다수는 겉으로는 고상한 척 해도, 재물·권력·명예 앞에 한없이 움츠러든다. 장군도 판사도 시민운동가도 빛을 잃었다.

　방위사업청에 근무했던 어느 전직 해군 소장은 비리사건에 내몰려 엄동설한에 차가운 한강물에 몸을 던졌다. 처자식들이 보고 싶다는 유서를 남겼다. 어느 판사는 사채 왕이 주는 '떡고물'을 받아먹고 양심 앞에 침묵했다. 투기자본 감시센터의 모 시민운동가도 8억의 뇌물에 그만 초심을 잃고 말았다. 꿀 먹은 벙어리는 말이 없다. 하늘이 들려주는 양심의 소리에 스스로 귀를 막고 입을 닫았다. 황금에 눈이 멀어 영혼을 판 이들에게, 자유니 정의니 정도니 하는 말들은 사치스럽게 들릴 뿐이다.

지금과 달리 참수斬首를 밥 먹듯 하던 시절에도 재물이나 벼슬을 죽은 쥐, 썩은 생선 보듯 하며 양심을 걸고 소리 높여 외친 자들은 늘 존재했다. 동중서董仲舒가 〈거현량대책擧賢良對策〉에서 '사악하고 편벽된 학술을 모두 없애버려야 한다'[1]고 주장한 뒤, 유교만이 독존했고 백가의 목소리는 자취를 감추었다. 유교가 '갑'의 지위를 차지하던 시절, 노장과 불교를 말하는 자들은 '을'이 아니라 구제역에 걸린 소나 돼지처럼 살처분殺處分당했다. 무지한 백성들에게 사상을 오염시킨다는 이유에서였다. 돈과 감투로 길들일 수 없는 자유인 이탁오(1527~1602)는 바로 살처분의 대상이었다.

요사한 마귀妖魔

지금부터 '중국 제일의 사상범'이라는 누명을 쓰고 옥중에서 자결한 이탁오 이야기를 시작해보자.

…중년까지 관직에 있다가 만년에는 삭발을 하더니, 최근엔 또 《장서藏書》,《분서焚書》 등의 책을 출판하여 온 나라에 유포함으로써 민심을 심히 어지럽히고 있습니다. …진시황을 천고의 유일한 황제라 하며, 공자의 시비 기준은 믿을 것이 못 된다 합니다. …기녀를 끼고 백주에 함께 목욕을 하며, 설법을 구실로 사대부의 아내와 딸들을 암자로 끌어들여 잠을 자는 지경에까지 이르렀으니, 모든 것이 제 정신이 아닌 듯합니다. …젊은이들이 그의 자유분방함을 좋아하여 서로 어울려 선동하고 현혹

하면서, 남의 부인을 억지로 유혹하는 지경에 이르렀습니다. 그 행실이 금수와 같은데도 아무런 신경을 쓰지 않습니다. 근래에는 사대부들조차 염주를 들고 다니며 계율이라 하고, 공자의 가법을 따를 줄 모릅니다.[2]

1602년 예과禮科 도급사중都給事中(정7품으로 탄핵 등을 맡은 간관諫官) 장문달張問達이 신종 주익균朱翊鈞에게 '인간 요괴'라 불린 탁오를 탄핵한 상소문의 요지이다. 천식을 앓았던 76세의 병약한 탁오는 특무 조직원에 의해 긴급 체포됐고 옥에 갇혔다. 그는 석 달이 지나도록 울분을 삭이지 못했다. 어느 날 머리를 깎으러 감옥 안으로 들어온 시종의 면도를 빼앗아 목에 그었다. 그리고 이틀 쯤 지난 후 절명했다.《이탁오 평전》의 저자인 옌리에산鄢烈山·주젠궈朱健國는 이 '교주'를 '유교의 전제에 맞선 중국 사상사 최대의 이단아'로 평가했다.

그가 살았던 명조 말기는 과연 어떤 시대였는가? 한 마디로 환관의 득세, 금의위·동창東廠 같은 비밀정보 기구에 의한 공포 정치, 입신출세에 혈안이 된 사이비 유학자들이 극성을 부렸던 사상의 암흑기였다. '외눈박이들'이 사는 곳에 두 눈 부릅뜨고 입을 크게 벌려 외치는 자는 미치광이 소리를 듣는다. 타고난 반골 탁오는 홀로 외롭게 이단을 자처하며 도그마에 절은 유교의 권위에 맞섰다.

그에게 '온릉거사溫陵居士', '대머리 영감禿翁', '화상和尙' 또는 '이화상李和尙', '요사한 마귀', '대교주', '동성연애자' 등 온갖 별칭이 붙어 다녔다. 늙으면 보수적으로 변한다는 통념도 그에게는 해당되지 않았다. 한무제 시대로부터 1700여 년 이어져 내려온 유교 전제專制에 반기를 들었던, 이탁오의 거칠었던 삶과 풍요로운 정신세계를 되돌아보자.

예견된 비극, 길들여지지 않는 자유인

이탁오의 본명은 이지李贄이며, 복건성 천주泉州 사람이다. 거인擧人 출신으로 29세에 벼슬길에 올랐다. 처음에 하남성 휘현輝縣의 교유敎諭 (교사)로 첫발을 내딛었다. 30대 중반 후반에 걸쳐 남경 및 북경의 국자 감 박사를 지냈다. 고집과 소신이 강해 가는 곳마다 윗사람과 갈등을 빚 었다. 탁오가 털어 놓은 아래의 글에 그의 성격이 잘 드러난다.

성격은 편협하고 성급하며, 표정은 우쭐하고 자만했다. 말투는 천박하 고 비속하며 마음은 미친 듯, 바보 같은 듯하고, 행동은 경솔했다. 교제 하는 사람은 별로 없었는데, 누구든 보는 앞에서 다정하고 따뜻하게 대 했다. 다른 사람과 사귈 때는 단점을 찾기 좋아하고 장점을 인정하려 하 지 않았다. 일단 누군가를 미워하면 그 사람과 관계를 끊어버리고, 일생 동안 그 사람을 해치려 한다.[3]

솔직한 자기고백이다. 다른 것은 접어두더라도 비타협적이며 자유분 방한 성격인 것만은 분명하다. 이런 성격의 소유자는 대인관계가 투박할 수밖에 없고, 단점을 들춰내 지적하니 가는 곳마다 적이 생기지 않을 수 없다. 탁오의 비극은 어쩌면 모태에서부터 예견됐는지도 모른다. 또 언 젠가 한 번 자신의 결함을 이렇게 토로했다.

나는 높은 곳을 좋아한다. 높은 곳을 좋아하니 오만불손하여 남에게 굽히지 못한다. 그러나 권세와 부귀를 믿고 의지하는 무리에게 굽히지 못하는 것일 뿐이다. 조금이라도 장점이 있으면 말단이나 노예라도 절하여 모시지 않는 일이 없다. 나는 깨끗함을 좋아한다. 깨끗함을 좋아하니 까다롭고 포용하지를 못한다. 그러나 내가 포용하지 못하는 것은 권세를 추구하고 부귀에 아첨하는 무리일 뿐이다.[4]

이처럼 대쪽 같은 성정을 가진 그가 25년 가까운 관직생활을 했으니, '새장에 갇힌 새'와 같아서 단 하루도 맘 편할 날이 없었을 것이다.

그는 40대에 들어 양명학에 눈을 떴다. '지행합일知行合一'과 '양지良知(하늘이 인간에게 부여한 선악을 자각하는 지혜)'의 개념을 탐구했다. '양지'란 단어는 오래 전《맹자》의 〈진심盡心〉장에서 언급됐던 개념이다. 탁오는 양명학의 가르침에 힘입어 '양심의 소리', 평등, 언행일치에 귀를 기울였다.

양명陽明 왕수인王守仁의 학통을 이어 받은 왕벽王襞(호 東崖)에게 사사師事했다. 아울러 왕기王畿, 나여방羅汝芳 등과 교류하며 양명학을 더욱 평민 속으로 파고들게 했다. 학문적 편식을 하지 않고 노자와 장자, 불교, 제자백가 등 다양한 영역을 넘나들었다.

40대 중반으로 접어들던 남경의 형부원외랑刑部員外郎 시절, 자신보다 13세 아래로 장원급제한 초횡焦竑과는 나이를 초월하여 평생토록 벗으로 지냈다. 비슷한 시기, 경정향耿定向, 경정리耿定理, 경정력耿定力 형제 등과 사귀며 인연을 맺었다. 특히, 자신보다 예닐곱 살 어린 경정리와는 뜻이 맞아 아주 가깝게 지냈다.

54세에 운남성의 요안지부姚安知府(요안현)[5]를 끝으로 고된 벼슬생활에 종지부를 찍었다. 7차례에 걸쳐 올린 사직서가 마침내 수리된 것이다. 요안지부 시절, 탁오는 소수민족인 이족에게 선정을 베풀어 찬사를 받았다.

청렴한 탁오에게 가난은 숙명처럼 따라 다녔다. 4남 3녀를 두었으나 큰 딸을 제외하고 모두 병들어 죽거나 굶어 죽었다. 여섯 자식을 가슴에 묻은 것이다. 기구하기 짝이 없는 한 많은 인생사다.

사직 후 처와 딸을 데리고 황안黃安[6]에 있는 경씨 형제의 집을 찾았다. 형제는 천태서원天台書院을 열어 교육에 힘썼다. 탁오는 훈장으로서, 경씨 형제의 자제들을 가르치며 이곳에서 3년을 지냈다. 동생인 경정리와는 막역한 사이였으나 대지주이자, 요직을 섭렵했던 경정향과는 점차 사이가 틀어졌다.

'지향하는 바가 다르면 함께 논의하고 계획할 수 없다道不同, 不相爲謀)'고 했던가[7]. 경정향에게서 학문을 입신출세의 수단으로 삼는 거짓 유학자의 모습을 발견했고 크게 실망했다. 이후 편지를 주고받으며 그와 논쟁을 벌였으며 훗날 관계가 악화되어 서로 돌이킬 수 없게 되었다.

58세 때인 1584년 무렵, 흉금을 터놓았던 벗 경정리가 죽자 이듬 해 거처를 옮겼다. 마성麻城(현 호북성 마성시) 용담龍潭 호숫가에 자리한 지불원芝佛院에 은거하며 독서와 저술로 소일했다. 이때 40년 가까이 함께했던 처 황의인黃宜人과 딸, 외손주를 고향으로 돌려보냈다. 이별하는 자리에서 모두가 한바탕 통곡했다. 세속과 인연을 끊으려고 삭발했으며 수

염을 길렀다. 일반 승려들과 달리 수계受戒를 받지 않았고 독경과 염불에도 참가하지 않았다. 고향으로 돌아간 조강지처는 무능한 남편을 만나 고생만 실컷 하다 3년 뒤 56세의 나이로 눈을 감았다.

'책의 노예'에게 닥친 수난

인생 후반기에 접어들어 용담호에서 제자들을 가르치며 정신의 자유와 풍요를 누렸다. 탁오는 옥중에서 지은 시, 〈책이 사람을 그르칠 수 있다書能誤人〉에서 스스로를 '책의 노예'라 했다. 책벌레 탁오가 지은 〈독서의 즐거움〉 가운데 일부를 옮겨본다.

> 사시사철 책만 보고 다른 것은 전혀 몰랐다.
> …
> 성정을 편안하게 하고 정신을 기르는 것이 바로 이 안에 있다.
> 세계는 얼마나 좁으며, 네모난 책은 얼마나 넓은가![8]

불당에서 세속에 찌든 유교를 비판하고 노자의 무위자연과 불교를 말했다. 불성佛性과 평등과 자유와 동심童心에 대해 가르쳤다. 인욕을 긍정하며順人慾, 남녀간 애정의 자연스러움 등에 관해 강론했다. '사람마다 모두가 다 성인이요, 부처'라는 양명 선생의 말씀을 전파했다. 그의 강론을 들으려고 부녀자, 비구니를 비롯하여 수많은 남녀 학생들이 몰려들었다. 그 가운데 재기가 출중한 매담연梅澹然도 무리 가운데 섞여 있었다. 그녀는 친구 매국정梅國楨의 딸로 일찍 과부가 됐으며 머리를 깎고 출가

한 불자였다. 매담연과는 사제지간, 남녀지간을 초월하여 긴 세월동안 깊은 정신적 공감대를 이루었다.

공자는 '여자와 소인은 깨우치기 어렵다唯女子與小人爲難養也'고 했다.[9] 공자의 편협한 여성관을 물려받은 유학자 집단이, 남녀를 모아 놓고 양성평등을 말하고 자유연애를 찬미하는 탁오의 강론을 곱게 보아줄 리가 없다. 그들의 눈에 비친 탁오는 사이비 교주와 다를 바 없었다.

이탁오는 결벽증이 있었다. 옷을 깨끗이 빨아 입었으며, 주변을 늘 쓸고 닦아 청결하게 했다. 63세~64세에《초담집初潭集》,《분서》등을 완성했다.《분서》는 그가 주고받은 편지와 토론 및 문답한 글을 모은 책이다. 탁오는 서문에서 왜 '분서'라 했는지 밝혔다.

> …그 속에서 논한 내용 가운데는 근래 학자들의 고질, 즉 결정적 병폐를 깊이 파고들어 자극한 것이 많다. 그러므로 이 책을 읽는다면 그들은 반드시 나를 죽이려 할 것이다. 그러므로 태워버리려는 것이다. 하나도 남기지 말고 태워버리는 것이 좋겠다.[10]

증오를 불러일으킬 내용이 있으므로 불태워버리라고 했지만, 탁오는 내심 이 책이 길이 전해지기를 갈구했을 것이다. 그렇지 않다면 목숨을 걸면서까지 책을 발간하려 했겠는가.

탁오는 1598년~1599년에 북경과 남경을 방문했다. 1599년 68권 분량에 이르는 대작《장서》가 출간됐다. 이 책은 전국시대부터 원대 말까지 800명에 달하는 인물을 〈세기〉 9권, 〈열전〉 59권으로 분류하여 다뤘다. 독자적인 시각에서 역사적 인물을 재단했다. 오직 진시황만이 천고의 유일한 황제라 했다. 측천무후에 대해서는 용인술이 뛰어났으며, 정치적 수완이 비상한 인물로 치켜세웠다. 사마천의 의협심을 극찬했으며, 주희를 받드는 성리학자들을 경멸했다. 벼슬과 재물에 눈 먼 사이비 유학자들이 눈엣가시처럼 거슬렸던 것이다.

남경에 체류할 때, 예수회 초대 중국교구장 마테오리치에 대한 소문을 들었다. 마테오리치는 중국어를 말하고 읽고 쓸 줄 알았으며, 중국식 예법을 체득했다. 73세의 호기심 많은 노인인 탁오는 그보다 25세 아래인 마테오리치를 찾아갔다. 마테오리치는 자신이 중국어로 쓴 《교우론交友論》을 증정했다. 두 사람은 모두 세 차례 만났다. 첫 만남에서 탁오는 그에 대한 인상을 이렇게 기록했다. "그는 대단히 멋진 사람이다. 속은 영롱하고 겉은 소박하고 성실하다. …내가 본 사람 중에 그와 견줄 만한 사람이 없다."[11]

1600년에 《양명선생 연보》, 《양명선생 도학초陽明先生 道學鈔》를 편찬했다. 같은 해 겨울, 다시 마성 용담호로 돌아왔다. 호광첨사湖廣僉事 풍응경馮應京이 풍속을 유지 보호한다는 미명하에 폭도들을 시켜 지불원에 불을 지르자, 하남성 상성현商城縣 황벽黃檗 산중으로 피신했다.

1601년 감찰어사 신분에서 몇 차례 강등되어 평민 신분이 된 마경륜馬經綸이 이 소식을 듣고 그곳까지 달려가 북경외곽 통주通州(현 북경시 통주구)에 위치한 자신의 거처로 모셨다. 마경륜은 탁오의 친구 마력산馬歷山의 아들이었다. 그곳에서 체포되기까지 1년 정도 머물렀다. 25세 아래인 마경륜은 평소 이탁오를 흠모했다. 마경륜은 탁오와 함께 《주역》을 공부했다. 1602년 뒤 금의위의 수하들이 마경륜의 거소에 들이닥쳤다. 그에게 씌워진 죄명은 '혹세무민죄'였다.《명 신종만력실록》에는 단죄가 두려워 굶어 죽었다고 기술되어 있다.

유교 천하를 뒤흔든 파격과 독설

이탁오는 왜 목숨을 버리면서까지 '공맹과 주희 추종자'들과 무모한 한판 승부를 벌였을까? 유학자 그룹이 곡학아세曲學阿世하는 세태를 탁오는 결코 좌시할 수 없었다. 외견상 그의 칼끝은 우상화한 공자, 신성불가침의 공자를 겨누었다.

> 공자 또한 공자를 배우라고 사람들에게 가르친 적이 있습니까? 공자는 사람들에게 자신을 배우라고 가르친 적이 없는데, 공자를 배우는 자들이 자기의 의견을 버리고 반드시 공자를 배울 대상으로 여긴다면, 필시 공자라도 정말 우습다고 여길 것입니다.[12]

원래 공자는 상갓집 개처럼 열국列國을 떠돌면서도 권세에 빌붙지 않았고, 재물에 초연했으며 빈부귀천을 따지지 않고 교육에 힘썼다. 이탁오는 '인간 공자'를 존중했다. 다만 공자를 팔아 먹고사는 유학자·사대부·관료집단을 향해 분명한 메시지를 던진 것이다.

탁오는 본능적으로 거짓 유학자들을 혐오했다. '겉으로는 도학을 합네 하며 속으로는 부귀를 추구하고, 학문이 깊은 척하고 우아한 복장을 했으되 하는 행실은 개돼지와 다를 바 없다'[13]는 폭언을 서슴지 않았다. 재상들마저도 탁오의 눈에는 '노예'로 비쳤다. 환관에게 아첨하고 굴종하는 재상들을 '환관의 노예'라 꼬집었다. 탁오처럼 대담하게 실권자들을 향해 독설을 퍼붓는 인물도 흔치 않을 것이다. 그러니 공공의 적이 되지 않을 수 있겠는가.

'장수는 전장에서 싸우다 죽고, 충신은 간언하다 죽는다'고 했던가. 그러나 이탁오가 본 군신유의君臣有義라는 관념은 당시의 통념에서 벗어났다.

> 의리는 본디 마음에서 생긴다. 군주가 신하를 초개처럼 대하면 신하도 군주를 도적이나 원수 보듯 해도 불의라고 책망하면 안 된다. 군신 사이는 정으로 교류하는 것이다. 안 되는 것을 뻔히 알고도 간언하다 죽는 것은 어리석은 짓이다. 무도한 군주가 일찍이 언제 한 번 자신을 국사國士로 대우한 적이 없는데, 그의 사직을 위해 목숨을 바치는 것은 가치 없는 일이다.[14]

당시의 상식으로 볼 때 불경스럽다 못해 반역에 가까운 독설이었다.

동심설童心說
이탁오의 생활과 사고방식은 한 마디로 파격 그 자체다. 부귀와 빈천에 대한 탁오의 관점은 명쾌하다.

> 부富라, 늘 만족할 줄 아는 것보다 부유한 것은 없고
> 귀貴라, 세속을 훌쩍 벗어나는 것보다 존귀한 것은 없다.

빈貧이라, 식견이 없는 것보다 가난한 것은 없고

천賤이라, 기개가 없는 것보다 천박한 것도 없도다.[15]

이탁오를 말할 때 '동심설'을 빼놓을 수 없다. 동심설은 탁오 사상의 요체다. 그는 어린아이와 같은 참되고 순수한 마음, 즉 동심의 보존과 회복을 역설했다. 그는 동심을 상실한 언행은 모두 거짓된 것으로 보았다. 탁오는 지식과 경험이 쌓이고 견문이 넓어지면서 동심이 오염된다고 했다. 특히 글쓰기를 예로 들면서, 마음이 맑지 않으면 좋은 글을 쓸 수 없다고 했다. 그의 말을 들어보자.

　…천하의 훌륭한 글들은 일찍이 동심으로부터 우러나오지 않은 것이 없다. 동심이 항상 존재한다면 언제나 누구든 좋은 글을 쓸 수 있고, 어떤 글이든 좋은 글이 아닌 것이 없다. …그러므로 나는 동심으로부터 느껴지는 것에 의해 스스로 글을 쓴다.[16]

'동심으로 돌아가자! 동심을 회복하자!' 누구나 아는 말이지만 행동하기란 쉽지 않다. 아끼는 물건이나 애완견을 잃어버리면 넋을 잃고 온 종일 찾아 헤맨다. 그러나 잃어버린 마음을 되찾으려는 데는 인색하다. 탁오의 수도승적인 삶 그리고 독설·파격·기행은 어쩌면 동심을 보존하고 회복하려는 몸부림이었는지도 모른다.

누가 이탁오를 죽였는가?

이탁오의 무모한 죽음에 대해 곰곰 생각해보았다. 이탁오는 과연 누가 죽였는가? 그를 비방하고 박해했던 유학자 그룹도, 그를 탄핵한 장문달도, 그를 가두라고 명령한 황제도 아니었다. 이탁오는 천성이 부여한 기질대로 살았고, 정신의 자유를 만끽하다 갔다. 마음껏 읽고 마음껏 쓰고 마음껏 외치다 지쳐서 스스로 죽은 것이다.

탁오 선생은 시대를 잘못 타고 났다. 《허드슨 강변에서 중국사를 이야기하다》로 대중에게 널리 알려진 레이 황黃仁宇(1918~2000)은 그의 대표작 《만력 15년萬曆十五年》(1587년)에서 이탁오의 비극적 종말을 두고 이렇게 탄식했다.

"이탁오의 죽음은 개인의 비극일 뿐만 아니라 시대의 비극이다. 시대가 이성에서 발로된 개인의 자유를 극도로 억압하면, 그 개인은 하나의 '관목灌木'이 될 수는 있으나 '숲叢林'을 이루기는 어렵다."

그가 죽은 뒤 300여 년 뒤에 5·4 신문화운동이 일어났다. 진사 출신 혁명가이자 초대 교육부총장이었던 차이위안페이, 천두슈, 루쉰, 후스 등은 하나같이 '공자 타도! 사상의 자유!'를 외쳤다. 맹목적으로 암송하던 유교 경전을 내던졌다. 전국적인 공자제례도 폐지했다. 진흙에 묻혔던 탁오 선생도 이들과 더불어 오랜 잠에서 깨어났다.

1974년, 비림비공批林批孔(임표와 공자 비판) 운동이 전개되자, 탁오 선생은 '중국 제일의 사상범'에서 다시 '사상 해방의 영웅'으로 화려하게 부활했다. 그러나 우리에게 이탁오라는 이름 세 글자는 아직 너무도 생소하다. 한국에서 이탁오의 생애와 활동을 다룬 번역서와 단행본이 출간

된 것은 불과 10여 년 전의 일이다.[17]

탁오는 비록 '까막까치', '참새' 떼에 쫓겨 구만 리 장공으로 날아갔지만, 그의 풍요로운 내면세계는 우리에게 많은 것을 일깨워준다. 대다수 사람들은 월급의 노예, 감투의 노예, 재물의 노예, 권력의 노예로 살다 회한만 가득 품은 채 짧은 삶에 종지부를 찍는다. 비틀거리는 빵의 노예들을 준엄하게 꾸짖은 '책의 노예', 탁오 선생에게 우리는 너무나 많은 빚을 졌다.

13

위충현魏忠賢,
악취 나는 파멸의 길을 걷다

숲이 우거진 곳에 자리 잡은 조그마한 대학을 거닐다가 동상 하나를 발견했다. 올려다보니 실물보다 훨씬 크게 조각되어 위압감이 느껴졌다. 가까이 다가서니 동상 아래 설립자 겸 현 이사장의 이름과 짧은 몇 문장이 눈에 뜨였다. 이사장은 한때 재계의 실력자로서 이름만 대면 누구나 다 알 수 있는 인물이다. 버젓이 생존 인물의 동상이 세워진 것을 보고, 잠시 독재자의 모습을 떠올려보았다.

문득 이와 유사한 유치한 사례가 떠올랐다. 명나라 말기에 살아 있는 권력에 아부하기 위해 절도사 등이 주축이 되어 전국 곳곳에 앞 다퉈 사당을 짓는 촌극이 벌어졌다. 이 권력자가 바로 중국 역대 간신 중 몇 손가락 안에 꼽히는 환관 위충현(1568~1627)이다.

그에 관한 일화는 장삼이사도 알 정도로 보편적인 얘깃거리가 되었다. 중국을 '빛낸' 10대 간신에도 이름을 올렸다. 《역대인물전기》에도 한 페이지를 장식했다. 명대 사극에도 위충현은 빠짐없이 등장하여 악명을 날렸다. 위충현 역을 맡은 배우의 간교한 용모와 목소리, 음흉한 미소가 뇌리를 맴돈다.[1] 그의 악취 나는 삶을 더듬어보자.

그의 삶은 드라마틱하다. 환관이 되기 이전에 결혼하여 처자식이 있었으며, 일정한 직업 없이 시장 바닥을 전전한 무뢰배였다. 도박을 좋아하여 몇 푼 안 남은 가산마저 탕진했다. 도박 빚에 몰려 인생의 출로를 모색하던 중 결국 22세에 스스로 남성을 거세하여 입궁했다. 이때부터 출세와 권력이란 글자가 그의 눈에 아른거렸을 것이다.

그는 남다른 장점을 지녔다. 당당한 풍채, 과묵함, 배짱, 결난력, 순발력, 사교성, 야심 등을 두루 갖췄다. 그는 먼저 황실 측근의 두 환관과 한 여인 등 세 인물에게 공을 들였다. 위조魏朝, 왕안王安, 객인월客印月이 그들이다.

태자 주상락朱常洛을 모셨던 위조와는 의형제 관계를 맺어 그를 친형처럼 받들었다. 원로 환관으로서 황실에 신망이 두터웠던 왕안에 접근하여 그의 신임을 얻었다. 또 주유교朱由校에게 젖을 먹여 길렀던 객인월과 내연의 관계를 맺었다. 환관들도 성기능을 완전히 상실한 것은 아니며, 성욕이 잠재했다고 전해진다.

주유교는 '길러준 엄마'인 객씨를 생모 이상으로 잘 따랐다. 주유교는 16세에 황제로 등극했고 그가 바로 희종熹宗이다. 이에 따라 객인월도 봉성부인奉聖夫人의 지위에 올랐다. 내연녀 객씨의 도움으로 위충현도

병필태감秉筆太監(황제의 비서실장)이 됐다. 문맹이었던 위충현에게는 과분한 자리였다.

황제 대신 붓을 놀려 황제의 유지를 왜곡, 위조, 변조함으로써 황제의 눈과 귀를 가렸다. 목공예에 심취했던 희종은 23세로 붕어하기까지 7년 재위 기간 중 밤낮으로 목공예로 세월을 보냈다. 혼군의 무능과 간신의 발호跋扈는 어쩌면 필연적인지도 모른다.

위충현은 방방곡곡에 거미줄처럼 사조직, 비밀정보기구를 만들어 집권세력인 동림당東林黨과 맞섰다. 잠시 동림당의 유래를 알아보자. 파직당한 고헌성高憲成이 고향 우씨無錫로 내려가 그곳에서 동림서원을 열었다. 이곳에서 배출된 인재들이 조정에서 대거 활약하면서 희종을 옹립했는데, 집권세력이 된 이들을 동림당이라 했다. 지식인 중심의 동림당은 편협한 사고에서 벗어나지 못했고, 포용력이 부족하여 반대파를 무자비하게 내쳤다.

동림당에 배척당한 세력들이 위충현의 환관당(엄당閹黨이라고도 함. 엄은 '거세'의 의미)에 가세하여 반격의 기회를 노렸다. 간신들이 세력을 불릴 때 쓰는 수법은 뻔하다. 한 자리 베풀어 수하로 삼는 방식이다. 예부상서 고병겸顧秉謙도 위충현의 충직한 개가 되었다. 그의 아첨은 예술의 경지에 달했다.

"이 몸이 어르신의 양아들이 되고 싶었으나, 어르신께서 허옇게 수염난 아들을 싫어하실까 봐 제 아들을 손자로 삼으셨으면 합니다."[2]

이 말을 듣고 흡족한 위충현은 내각의 수반 격인 수보首補에 고병겸을 앉혔다. 아울러 동창東廠, 서창西廠, 금의위 등 비밀경찰 조직을 장악했다. '나는 새도 떨어뜨린다'는 이들 조직은 환관과 심복으로 채워졌다. 사조직 중에서도 문관들로 구성된 오호五虎, 무관들로 구성된 오표五彪 등 열 사람은 양아들 또는 심복 중의 심복들이었다. 이들은 이름에 걸맞 게 맹수와 같은 잔인성을 보였다. 명대는 환관에 의한 특무정치, 공포정 치가 맹위를 떨쳤고, 위충현이 등장하자 절정에 달했다.

선비풍의 인물들로 구성된 동림당은 애초부터 교활한 환관당의 적수 가 되지 못했다. 최대 정적이었던 동림당을 제거함으로써 '위충현 시대' 의 서막이 열렸다. 마침내 그는 '일인지하 만인지상'의 자리에서 천하를 호령했다.

황제를 칭송할 때 '완쑤이! 완쑤이! 완완쑤이!萬歲! 萬歲! 萬萬歲!'라고 외친다. 아부하는 자들이 위충현을 띠받들 때는 '지우첸! 지우첸! 지우첸 쑤이!九千! 九千! 九千歲!'라고 외쳐댔다. 항주의 절경인 서호西湖를 비롯 하여 전국의 명소에 그의 사당이 세워졌다. 산 자를 위한 사당, 즉 '생사 당'이 우후죽순처럼 생겨났다. 30여 년 전, 시정의 건달이 어느 날 갑자 기 살아 있는 '신'으로 둔갑한 것이다. 위공사魏公祠의 건립 여부는 곧 그 에 대한 충성을 가늠하는 잣대였다.

희종이 죽자 그의 7년 영화도 막을 내렸다. 뒤이어 등장한 숭정제 주 유검朱由檢에 의해 위충현은 축출됐고, 대들보에 목을 매어 자살했다. 시 신은 난도질당했고, 그의 목은 저잣거리에 걸렸다. 17년 후인 1644년, 농민군의 봉기, 만주군의 침공으로 숭정제도 목을 매어 자살했다. 이로 써 폭군이자 간군(奸君)인 주원장이 세운 명 왕조는 16대, 270여 년을 존 속하다 멸망했다.

위충현이 걸어온 길은 죄악의 길, 파멸의 길이었다. 지금도 '위충현의 길'을 걷다 나락으로 떨어진 자들이 한둘이 아니다. 하루가 멀다 하고 뇌물사건에 연루되어 자살하는 공직자들의 비보가 들린다.

얼마 전 할 일이 없어서 하루 종일 교육부장관 겸 사회부총리 후보자 청문회를 지켜보았다. 청문위원들은 그를 '학자의 탈을 쓴 주식전문가'로 몰아 세웠다. 그러자 그는 자본주의 하에서 연구와 강의에 방해가 되지 않는다면 주식 투자를 해도 무방하다고 항변했다. 이 말을 들은 청문위원들은 하나같이 기가 차다는 반응을 보였다. 그는 '청문회를 낭만적으로 생각했다'는 코미디 같은 명언을 남기고 쓸쓸히 사라졌다. 한 편의 '허무 개그'를 보는 것 같아 두고두고 입맛이 쓸쓸하다.

어느 날 자주 부딪혔던 미혼의 한 엘리트 장교에게 물었다. "생도 때 배운 대로 '험난한 정의의 길'을 갈 수 있겠느냐?" 그가 태연자약하게 대답한다. "정의의 길은 너무나 험난해서 싫어요. 무사안일한 편안한 길이 좋아요." 재차 물었다. "배우자감으로 어떤 여자가 좋으냐?" 그의 답이 가관이다. "못생긴 여자는 용서할 수 있어도, 돈 없는 여자는 결코 용서할 수 없어요." 농담으로 받아들이기에는 마음이 너무 무거웠다.

이 무렵 감사원 감사관이 5억을 받은 혐의로 구속됐다는 보도와 공군 전 현직 간부늘이 결탁하여 군사기밀을 민간입자에게 넘겼다는 서글픈 소식이 들려왔다. 기차는 철길이, 공직자는 공직자의 길이, 학자는 학자의 길이, 군인은 군인의 길이 바르고 안전한 길인지를 왜 깨닫지 못하는 것일까.

14

천하제일의 탐관, 화신和珅
그리고 '빨대'와 '갈퀴'들

오래 전 동료에게 들은 얘기다. '금빨대·금갈퀴'란 인물은 성이 금씨인데, 부하의 금품을 갈취하기로 유명한 전설적인 인물이다. 승진이나 보직을 미끼로 시도 때도 없이 금품을 요구하며, 닥치는 대로 부하의 목에 빨대를 꽂아 금품을 빨아들이고 갈퀴로 긁는다고 해서 붙여진 별명이다.

어릴 때는 보물섬의 보물을 손에 넣은 몬테크리스토 백작이 세계 제일의 갑부일 거라고 생각했다. 2014년 포브스Forbes가 선정한 세계 최고의 부자, 빌게이츠의 재산은 76조를 넘는다. 이건희 회장의 재산은 11조 원에 달했고 102위에 올랐다. 개그 프로에 등장하는 부호, '만수르'는 재산이 무려 1400조다. 몬테크리스토 백작, 빌게이츠, 만수르의 재산을 우습게 여겼을 법한 대부호大富豪가 청 왕조에 존재했다. 그가 바로, 중국 역사상 제일의 탐관으로 손꼽히는 화신(1750~1799)이다. 이 자야말로 '빨대와 갈퀴'의 화신化身이 아닐까 싶다.

그의 재산은 세인들의 상상을 초월한다. 저명한 사상가이자 돤치루이段祺瑞 정권하에서 재정총장을 역임했던 량치차오梁啓超가 그의 재산을 꼼꼼히 따져본 모양이다. 관련 구절은 다음과 같다.

> 양계초의 계산에 따르면 화신의 전 재산은 대략 8억 2백 냥에 달했다고
> 한다. 20년 동안 집권했던 화신의 가산은 청나라 조정이 10년 동안 거둔
> 수입의 총액보다도 많았다. 이 명세서가 공개되자마자 사람들은 그 액
> 수에 입을 다물지 못했다.[1]

관직을 이용해 황제에 버금가는 재산을 모았다던 서진西晉의 석숭石崇 (249~300)도 그에 비하면 '새 발의 피'다. 이 정도면 천하제일의 탐관이라 할 수 있지 않을까.

리정李政이 지은 《권력의 숨은 법칙》 중에서 〈호랑이(건륭제를 빗댐)를 길들여 고양이로 만들다〉는 화신을 소재로 한 글이다. 여기에서는 청 왕조가 무려 15년 동안 비축한 국고 재산에 맞먹는 부를 화신이 축적했다고 기술했다. 재위 기간만 60년에 이르렀던 건륭황제(1711~1799) 시절은, 오늘날 몽고와 러시아 연해주를 포함하는 중국 역사상 최대의 판도版圖를 자랑했으며, 청의 국력이 절정에 이르렀던 시기다.

도대체 화신은 누구인가? 그는 어떻게 권력을 독점하고 부를 축적했

는가? 화신은 세 살 때 모친을, 열 살 때 부친을 잃었다. 줄곧 가난과 멸시천대가 그를 그림자처럼 따라다녔다. 돈을 빌리러 갔다가 빈손으로 내쫓기는 일이 다반사였다. 돈과 권력 앞에 무릎 꿇는 비겁한 스승의 모습을 마주하기도 했다. 그가 어릴 적 겪었던 쓰라린 기억을 되살려보자.

> 관학에서 공부를 하는 동안 가난한 화신은 학생과 교사들로부터 멸시와
> 괴롭힘을 당했다. 하루는 고관의 자제가 선생님을 풍자하는 시를 짓고
> 는 화신이 그것을 쓴 장본인이라고 우겼다. 부끄러움으로 얼굴이 빨개
> 진 선생님은 화신이 변명할 기회도 주지 않고 매를 들고 그를 마구 때렸
> 다. 이 일로 화신은, 선생님 역시 힘없고 가난한 학생들을 박대할 수는
> 있지만, 고관의 아이는 감히 건드리지 못한다는 것을 깨달았다.[2]

집단 괴롭힘을 당한 그는 돈과 권력의 중요성을 뼛속 깊이 깨달았다. 삶의 최고 목표를 돈과 권력에 두었다. 만 18세인 그에게 드디어 출세의 기회가 찾아왔다. 직례총독直隷總督 풍영렴馮英廉은 준수한 용모에 당당함을 지닌 화신을 싹수있게 보고, 손녀 딸 풍씨와 결혼시켰다. 조정에 진출할 든든한 디딤돌이 생긴 것이다.

22세 무렵, 풍영렴의 노력으로 황제의 가마와 의장대를 담당하는 부서에 배치됐다. 하급직이지만 황제를 가까이서 모시는 기회를 얻게 된 것이다. 말직에 있던 그는 우연한 기회에 자신의 총기聰氣를 과시함으로써 건륭황제의 눈에 뜬다.

어느 날 아침 공문을 읽던 건륭은, 중죄인이 달아났다는 말에 한심하여 자기도 모르게 혼자말로 이렇게 중얼거렸다. '맹수가 우리를 빠져나갔구나虎兒出於柙.'[3] 대신들이 무슨 말인지 몰라 어리둥절하고 있을 때 화신이 '황상의 말씀은, 이 일의 담당자는 응당 과실에 대한 책임을 져야 한다는 것입니다'라고 했다. 이 말을 들은 황제는 화신에게《논어》를 읽은 적이 있는지, 또 집안 내력과 나이를 묻는 등 크게 기뻐하며 그의 직위를 올려줘 곁에 있게 했다. 그 후로 화신은 황제의 총애를 얻어 출세가도를 달리게 됐다.[4]

　화신은 비상한 재주를 지녔다. 시문에 능했으며 언변술 또한 뛰어났다. 사서오경에 정통했고, 순종적 태도를 보였으며 과단성 있는 일처리가 돋보였다. 게다가 만주족으로서 만주어에 능통하여, 한족 재상에 비해 만주족 황제를 모시는 데 제격이었다. 건륭과 화신은 마흔 살 가까이 차이가 났다. 건륭은 화신을 친자식처럼 아꼈다.

　'군주를 모시는 것은 호랑이를 가까이 하는 것처럼 위험하다伴君如伴虎'는 말이 있다. 예나 지금이나 권력자 주변의 인물은 행동거지 하나하나를 조심해야 한다. 변덕스럽고 까다로워서 그 기분을 맞추기가 힘들기 때문이다. 말 한 마디 잘못 놀렸다가는 바로 '모가지'가 달아나고 만다.

　화신은 남다른 수완을 발휘하여 더욱 건륭의 신임을 얻었다. 그는 호랑이를 잘 다룰 줄 알았다. 건륭의 성격, 심리, 기호, 취미, 습관, 표정, 언행을 낱낱이 관찰하고 기록했다. 표정만 봐도 이내 무슨 뜻인지 알아차렸고, 입을 열기 전에 원하는 것을 알아서 처리했다. 눈치가 빨라 이른바 '심기 경호'에도 능란했다. 호화로운 생활을 즐겼던 건륭을 위해 원명원圓明園과 피서산장避暑山莊을 증축했다. 마치 산전수전 다 겪은 '노회老獪한 호랑이'를 고양이로 길들인 것이다.

화신은 20여 년 동안 이부, 호부, 형부상서, 만주 도통, 군기대신 등을 두루 거쳤다. 또 황실과 인척관계를 맺음으로써 권력의 기반을 공고히 했다. 아들을 건륭의 막내, 화효和孝공주와 결혼시켰고, 딸은 강희제의 증손자에게 시집보냈다. 조카딸도 건륭의 손자와 맺어주었다. 황제가 배후에 버티고 있으니 아무도 건드릴 자가 없었다. 무소불위의 권력을 움켜 쥔 희대의 탐관은 이렇게 탄생했다.

권력을 쥐었으니 재물을 긁어모으기란 식은 죽 먹기다. 사설 금융기관과 전당포를 경영했고, 고리대금업을 병행했다. 아울러 부동산 임대, 골동품 판매에도 손을 댔다. 그 밖에 뇌물수수, 공금 유용 및 횡령 등 그 행태는 가지각색이었다. 돈 되는 일이면 닥치는 대로 뛰어들어 '빨대'와 '갈퀴'로 재물을 긁어모았다.

부패사건을 처리한다며 밀기처密記處를 만들어 놓고, 뇌물을 받고 사건을 무마했다. 밀기처는 곧 '뇌물수수처'였던 것이다. 감사원의 감사관이 뇌물을 받고 조사 대상 업체의 뒤를 봐주는 격이다. 화신의 행태는 청나라에 와 있던 조선 사신의 귀에까지 들어갔다. 그의 표현을 빌리면 다음과 같다.

화신은 20년 동안 정사를 돌보았다. 그는 권세와 봉록을 제 멋대로 휘두르며 탐욕스러움이 날로 심해졌다. 조정의 공경대부에서 변방의 관찰사, 절도사까지 그의 도당이 아닌 관리가 없었다. 화신에게 재물을 바치고 아부하는 자는 조정의 요직을 얻을 수 있었다.[5]

1796년, 건륭제가 태상황으로 물러났고 가경제嘉慶帝가 즉위했다. 이후에도 화신은 건륭의 대변자 노릇을 하며 세력 확장과 재물 쌓기에 여념이 없었다. 가경제는 태상황의 눈치를 살피며, 눈엣가시 같은 화신을 그저 지켜볼 수밖에 없었다.

화신은 전국에 친위대和家斑子와 사조직을 심었으며, 가경제의 총신들을 견제하여 그를 자극했다. 1799년, 건륭제가 89세를 일기로 붕어했다. 쉰 살을 맞은 화신에게도 곧 바로 죽음이 찾아왔다. 파직과 투옥에 이어 가경제가 내린 흰 천에 목을 감고 자결했다. 화신이 죽자 세간에 민담이 떠돌았다. "화신이 거꾸러지니 가경이 배부르다和珅跌倒, 嘉慶吃飽."

이 잘못이 화신 한 사람만의 탓일까. 화신은 종범이요, 그를 비호하고 방치했던 건륭을 주범으로 지목해야 옳을 것 같다. 강희, 옹정, 건륭 세 황제에 의해 130여 년 이어졌던 태평성대를 '강건성세康乾盛世'라 예찬했다. 건륭제는 이러한 찬란한 치적에도 불구하고, 만년에 간신 한 명의 아부에 파묻혀 만고에 오점을 남겼다.

석숭이나 화신을 비롯한 탐관의 최후는 너무도 유사하다. 제 명을 누리지 못하고 비명에 갔다. 하늘이 용납하지 않기 때문이다. 탐욕스런 자들도 마찬가지다. 세간을 떠들썩하게 했던 수천 억대의 재력가 송 아무개는 전기 충격기와 손도끼에 의해 무참히 살해됐고, 동물적 '빨대 감각'으로 무차별 돈을 빨아들였던 '구원파' 지도자는 변사체로 발견됐다.

지금도 중국에는 화신의 후예들이 꿈틀거린다. 전 정치국 상무위원, '대탐관大貪官' 저우융캉周永康은 법의 처단을 피할 수 없게 됐다. '탐심의 시작은 미약했으나 그 끝은 심히 창대하리라.' 조그만 탐심貪心이라도 싹트기 전에 물리쳐야 하는 이유가 바로 여기에 있다.

15

꽌시의 달인,
호설암胡雪岩의 영광과 몰락

"이윤을 좇는 것이 상인의 본능이다. 이득이 된다면 칼날에 묻은 피도 기꺼이 핥아야 한다." 전설적인 거상巨商 호설암(1823~1885)이 즐겨 사용한 말인데, 상인의 비정함이 느껴진다. 호설암에게는 안휘성 상인의 '냉혹한 피'가 흐르고 있다. 그는 '상신商神' 또는 '상성商聖'이라 불렸다.

2002년 무렵, 저장浙江대학 교육학원에서 주최한 2박 3일간의 학술모임에 참석한 적이 있다. 모든 일정을 마치고 학교 측의 배려로 일대 유서 깊은 지역을 돌아볼 기회를 가졌다. 항저우에 자리 잡은 호설암의 옛집을 둘러보았다. 그의 집은 마치 작은 궁궐 같았다. 비단잉어들이 연못가로 나와 방문객을 반긴다. 그는 어느 한때 이곳에서 황제처럼 정원을 거닐며, 애첩 아교阿巧 등 수많은 여인들에 둘러싸여 꿈같은 시간을 보냈을 것이다.

호설암이 여자를 고르는 안목은 모두 장사와 무관하지 않다. 사업 기반을 넓히는 데 도움이 되는 총명한 여자를 골라 적절히 활용했고, 이익을 위해 첩을 바쳤다. 때로는 그에게 여자란 돈벌이를 위한 수단이요, 매개체에 불과했다. 처와 '12명의 후궁', 곳곳마다 널려 있던 호설암의 여자들은 장사의 신을 받들었다. 그들 모두는 호설암의 든든한 장사 밑천이었다.

'벼슬을 하려거든 증국번曾国藩(1811~1872)에게 배우고, 장사를 하려거든 호설암에게 배워라.' 중국인 사이에 회자되는 유명한 말이다. 중국의 서점가 어디를 가든 호설암에 관한 책은 쉽게 눈에 띤다. 베스트셀러 내지는 스테디셀러로 중국 독자들에게 인기가 높다. 부자가 되는 방법을 소개하고 있기 때문이다. 돈 버는 일에 동물적 감각을 구비한 중국인들이 이 책을 놓칠 리 없다.

우리나라에도 호설암에 대한 책이 여러 권 출간되어 그의 이름은 낯설지 않다.[1] 그러나 주로 장사와 경영 철학을 다루는 책들만으로는 호설암의 민낯을 제대로 살피기 쉽지 않다. 행간을 꼼꼼히 읽는 수밖에 없다. 한편, 강효백은 《중국인의 상술》에서 호설암을 '관상결탁官商結託'으로 몰락한 인물이라고 혹평했다.

자금성에서 말을 달릴 수 있는 특권

호설암은 안휘성 후이저우시 지시현徽州市 绩溪縣 사람이다. 본명은 광용光墉이며, 설암은 그의 자字다. 몸소 아편전쟁과 태평천국운동의 격랑을 겪었다. 그는 이른바 휘상徽商의 후예로 그의 주요 활동무대는 항저 우였다. 저장성의 원저우溫州 상인과 안휘성의 후이저우 상인은 우리의 개성상인만큼이나 유명하다.

호설암은 처음에 전장錢莊(사설금융기관)의 점원으로 출발했다. 두뇌회 전이 비상하여 금융·회계 분야에서 발군의 실력을 보였다. 전성기에는 각 성의 20여 곳에 부강阜康 전장을 운영하여 주요 지역의 상권을 지배 했다. 전장 외에 전당포, 생사生絲, 관군의 곡물 운송, 관금 유치 등으로 막대한 돈을 벌어 들였다.

1866년에 좌종당左宗棠(1812~1885)을 도와 푸저우 선정국福州 船政局 을 창립했다. 이어 상해 채운국採運局 업무를 주관했다. 좌종당이 이끄는 상군湘軍의 군량미 및 군비 조달, 총포 구입, 외자 도입, 선박 제조를 위 한 각종 기계류 구입 등 군수분야 업무를 도맡아 처리했다. 1874년에 호 경여당胡慶餘堂(제약업)을 세웠다. 베이징의 동인당同仁堂과 항저우의 호 경여당은 쌍벽을 이루었다. 좌종당은 호설암이 대부호로 성장하는 데 결 정적인 역할을 했고, 호설암 또한 좌종당이 전공을 세우는 데 든든한 돈 줄을 제공했다.

좌종당의 천거로 청 조정에서 홍정紅頂(청대 2품 이상의 고위관직, 모자 꼭대기에 날린 붉은 산호구슬을 '紅頂子'라 함) 이란 관직을 하사했다. 아울 러 서태후가 내린 황금색 비단 마고자黃馬褂(청대 공신의 관복)를 입고 자 금성에서 말을 달릴 수 있는 특권을 누렸다. 일찍이 이런 유례가 없었다 고 한다.

그러나 이런 영광도 오래 가지 못했다. 1882년 경 좌종당이 이홍장

(1823~1901)과의 권력투쟁에서 실각하자 호설암도 파산선고를 받고 빈 털터리가 되었다. 관을 이용하여 관의 비호를 받고 극성極盛하다 결국 관에 의해 용도폐기되는 운명을 피할 수 없었다. 의도가 불순하면, 결과 도 불순하다고 하지 않았던가. 관상官商의 비참한 말로다.

술 몇 잔으로 '꽌시'가 형성되지 않는다

호설암을 올바로 이해하기 위해서는 경영방법이나 안목, 그릇의 크기, 교류의 폭 등을 다각도로 비춰봐야 한다. 그 중에서도 그의 인맥관리, 즉 '꽌시'를 떠나서 그를 제대로 조명하기란 쉽지 않다. '꽌시'는 중국식 인 맥관리라 할 수 있다. 소노다 시게토園田茂人는 《중국인, 이렇게 생각하 고 행동한다》에서 '꽌시'를 '사람과 사람과의 연결고리'라 정의했다. 우 리말의 '관계'와 중국의 '꽌시'는 어감상 많은 차이가 난다. 강효백은 이 렇게 말했다. "술을 몇 번 사고 뇌물을 주었다고 해서 '꽌시'가 이루어지 지 않는다. 중국에서 한국식의 '빽'을 쓰다가 호되게 망신당한다. '꽌시' 의 핵심은 신뢰다."[2]

그는 '꽌시'의 특성으로 의무감을 들었다. 일단 '꽌시'가 맺어지면, 쌍 방이 각기 자신의 요구를 거절할 수 없다는 공통된 인식이 형성된다는 것이다. '꽌시'란 상호간 신의를 바탕으로 장기간에 걸쳐 지속적으로 이 루어진 인간관계라 할 수 있다. 호설암은 진정한 의미에서 '꽌시의 달 인'이었다. 그가 왕유령王有齡(1810~1861), 하계청何桂淸(1816~1862), 좌종당 등 쟁쟁한 실력자들과 '꽌시'를 맺기 위해 어떻게 노력했는지 알아보자.

호설암은 우선 전도가 밝은 인물을 물색하여 도왔는데 그가 바로 왕유령이었다. 그는 호설암보다 열 살 남짓 위였다. 서른이 넘도록 돈이 없어 관직에 오르지 못한 그에게 벼슬을 살 수 있도록 은 500냥을 선뜻 내주었다. 이 돈은 수금한 것으로 전장의 공금이었다. 이 일로 인해 호설암은 전장에서 쫓겨났다. 왕유령은 훗날 성공하여 호설암에게 큰 힘이 되었다. 저장 순무, 왕유령의 막강한 권세를 등에 업은 그의 사업은 거칠 것이 없었다.

왕유령의 보호 덕분에 어느 정도 기반을 닦은 호설암은 왕유령의 집안을 경제적으로 보살폈다. 아울러 왕유령의 상관에게 금품을 보내는 등 모든 일을 알아서 처리했다. 호설암의 활동 덕분에 왕유령도 승승장구했다. 둘은 그림자처럼 붙어 다니며 밀어주고 당겨주었다.

호설암은 왕유령을 배경으로 또 다른 보호막을 만들었다. 어느 날, 저장 순무 황종한黃宗漢이 자신의 후임자로 누가 적합한지를 놓고 의중을 내비쳤다. 이에 호설암은 자신의 이익을 위해 하계청이 가장 적임자라고 생각했다. 왕유령의 소개 편지를 품고 곧바로 장쑤 학정江蘇 學政 하계청이 머물던 쑤저우로 향했다. 하계청을 만나 설득했지만 돈만으로는 그를 움직일 수 없었다. 그런데 놀랍게도 그는 호설암의 애첩 아교를 마음에 두고 있었다. 호설암은 은 1만 5천 냥과 함께 애첩 아교를 하계청에게 바쳤다. 오래지 않아 하계청은 황종한의 후임을 맡게 되었다. 이때부터 그는 죽을 때까지 호설암의 강력한 배경이 된다.

왕유령과 호설암의 관계는 오래 지속되지 못했다. 1861년 태평군이 창주성을 포위했다. 성 사수를 책임진 왕유령은 식량이 바닥나고 중병을 얻어 더 이상 버틸 재간이 없자 목을 매어 자결했다. 이듬 해 하계청도 죽었다. 기댈 언덕이 사라진 호설암은 다시 새로운 후견인을 찾아 나섰다. 바로 좌종당이었다. 그러나 병부상서 겸 푸젠·저장성 총독 좌종당에게는 뇌물도, 미인계도 통하지 않았다.

좌종당은 자신을 칭찬하는 말에 유난히 약했다. 호설암은 좌종당이 태평천국군을 물리치고 항주를 회복한 공적을 찬양했다. 귀가 얇아 칭송하는 말을 듣고 흡족해진 좌종당에게 쉽게 다가갈 수 있었다. 당시 좌종당은 군비 조달, 식량 문제로 골머리를 앓았다. 호설암은 쌀 2만석과 은 10만 냥을 관군에 기부하여 좌종당으로부터 절대적인 신임을 얻었다. 이후 마흔의 호설암과 그보다 열 살 가량 위인 좌종당은 20여 년 동안 유착관계를 유지했다. 그리고 같은 해 숨을 거두었다.

이 밖에 앞서 언급한 황종한은 돈과 재물을 탐하는 인물이었다. 호설암이 그와 '꽌시'를 맺기란 식은 죽 먹기였다. 틈틈이 그의 본가로 수만 냥의 은화를 보내 그의 환심을 샀다. 호설암은 이처럼 상대가 돈을 탐하면 돈으로, 여색을 밝히면 미인으로, 아첨을 좋아하면 세치 혀로 '송덕가'를 불러 '꽌시'를 맺었다.

영원한 이익을 취하는 법을 터득하다

호설암은 인맥관리 외에 여러 면에서 비범함을 갖췄다. 배포와 뚝심, 비상한 두뇌 회전, 인재를 판별하는 안목, 상세商勢 흐름을 읽는 능력, 대범함과 관대함, 과감한 승부수, 능수능란한 처세술 등 그의 장점은 이루 다 열거할 수 없다.

호설암의 경영철학이나 기법에 대해서는 쩡다오會道가《장사의 신, 호설암》에서 상세히 밝혔다. 그는 무려 88개에 이르는 항목을 열거하여 호설암의 상도商道를 설명했다. 이 가운데 주목할 열 가지를 간추려보자.

- 이름을 알리는 것이 돈 버는 것보다 중요하다
- 정세와 상세의 흐름을 파악하라
- 속이지 마라
- 검은 돈, 원한을 살 돈과 데일 돈은 취하지 마라
- 남에게 활로를 열어주면 자신에게 재로財路가 생긴다
- 넓은 가슴으로 인재를 끌어 모으라
- 상호 이익을 취할 방법을 배워라
- 성실과 신용, 신의를 바탕으로 일하라
- 돈을 쓰는 것이 돈을 낳는 것이다
- 아랫사람을 믿고 맡겨라

그는 이러한 원칙들을 실천하여 금융업, 생사업, 제약업, 군량미·군수물자 조달 등 모든 분야에서 성공을 거두었다. 호경여당을 예로 들어보자. 호경여낭에 나음과 같은 문구가 적혀 있다. "약업은 생명에 관계되는 것으로 결코 속여서는 안 된다. 조악한 물건으로 이익을 남기려 하지 마라. 조제를 세심하게 하며, 자신과 남을 속이는 일을 하지 마라. …다듬고 빼고 더하는 것을 비록 보는 사람은 없지만 그 마음을 하늘이 안다."

호실임은 '계기戒欺(속이지 마라)', 두 글자를 눈에 띠는 곳에 붙여 놓았다. 약제의 품질을 가장 우선시한 것이다. 손님들에게 약의 조제과정을 공개하여 약재가 모두 진품이라는 것을 믿도록 했다. 홍정이 일상화한 사회에서 한 푼의 에누리도 거절하며 철저한 정찰가不二價로 운영했다. 신용과 속임이 없는 성실한 태도로 자신의 이름을 알린 것이 성공의 비결이었다. 직원이 은퇴하면 죽을 때까지 퇴직연금陽俸을 지불했으며, 직원이 죽으면 가족에게 위로금陰俸을 지불했다.

중국인들은 대개 상인들이 교활하다고 믿는다. 그래서 상인 하면, 으레 '간상奸商'이라는 이미지를 떠올린다. 호설암도 처음에는 간상의 범주에 머물렀을 것이다. 그의 재력이 관군의 명운을 좌지우지할 정도가 되자, 호설암은 이미 간상의 울타리를 뛰어 넘었다. 청 조정과 자신은 공동운명체가 되어버렸다. 태평천국군과 마주친 그에게 시대는 '의상義商'의 역할을 요구했다. '홍정상인'의 영예는 이렇게 주어졌다.

호설암의 공과를 한 마디로 평가하기란 쉽지 않다. 그에게는 '장사의 신', '상성', '상인의 우상', '강남 약왕藥王', '연애 대왕情聖' 외에도 정치가, 기업가, 유상儒商, 관상 등 수많은 수식어가 따라 붙는다. 그러나 엄밀히 말하면 관官과의 유착으로 영욕을 맛본 대표적인 '정경유착 상인'이라 할 수 있다.

1990년대 초반 엑셀, 스텔라, 프라이드 같은 자동차들이 유행하던 시절, 장안평 중고시장을 수시로 들락거렸다. 중고차를 서너 차례 구입했지만 매 번 속아서 산 느낌이 들었다. 중고차 업계에서 잠시 '양심'을 팔다가 귀농한, 전 중고차 매매업자가 들려준 말이 있다. "이 업계에서는 아들이 아버지를 속이고, 아버지가 아들을 속여야 먹고 살 수 있어요."

'속임수를 경계하라'던 호경여당의 주인, 호설암이 만약 이곳에서 중고차 사업을 벌인다면, 틀림없이 중고차 업계를 석권하고도 남을 것이다. 그의 타고난 상인 기질은 일시적인 이익을 취하는 데 있지 않다. "영원한 친구도, 영원한 적도 없다. 오직 영원한 이익이 있을 뿐이다."

16

정관응鄭觀應,
국가 중흥의 방략을 제시하다

아편전쟁을 전후하여 매판買辦이란 이름으로 활동한 많은 인물들이 명멸했다. 매판은 1770년대 이후 중국에 들어온 외국 상관商館과 영사관 등에서 중국과의 거래 중개를 맡기기 위해 고용한 중국인을 말하는데, 간혹 자신의 이익을 위해 외국 자본과 결탁하여 자국에 해를 끼치는 일도 서슴지 않았다. 즉 그들은 돈에 운명을 걸었다. 돈과 관련하여 널리 퍼진 두 가지 중국 속담이 있다. '돈이 있으면 귀신도 부린다.' '돈은 만 가지 허물을 덮는다.' 돈을 벌어 관직도 사고 부귀영화를 누릴 수 있으므로 모든 길은 돈으로 통한 것이다.

'10대 간신', '4대 미녀' 등 별칭 붙이기를 즐기는 중국인들은 당정추唐廷樞(1832~1892), 서윤徐潤(1838~1911), 석정보席正甫(1838~1904), 정관

응을 '만청晚淸 4대 매판'이라 불렀다. 이들 가운데 유독 정관응만이 오래도록 주목을 받는 것은 왜일까?

정관응[1]은 매판으로 일하면서 서구 자본주의와의 무역전쟁에서 속수무책으로 착취당하는 중국 경제의 뼈아픈 현실을 목도했다. 외국 상인에 납치되어 노예로 팔려나가는 중국 노동자, 만연한 관료사회의 부패, 아편 중독에 걸린 무기력한 인민 등 참담한 중국의 실상이 그의 눈을 뜨게 한 것이다. 국가 중흥의 방략을 제시한 불후의 명작《성세위언》은 그의 고뇌와 오랜 사색의 결정체였다. 과연 그는 누구인가?

정관응의 부친 정문서鄭文瑞는 과거에 실패한 지식인으로서 고향에 글방을 열고 후학들을 가르쳤다. 정관응은 '매판의 고향', 광둥성 샹산현香山縣(오늘의 중산시中山市)에서 태어났다. 역사상 가장 부도덕한 전쟁이라 지탄 받았던 아편전쟁이 끝날 무렵이었다. 17세에 고향에서 열린 동자시童子試에서 고배를 마신 뒤 곧장 상인의 길로 들어섰다. 그러나 책 읽기와 영어 공부는 평생토록 지속했으며 손에서 붓을 놓지 않았다.

18세에 상해로 건너가 보순양행宝順洋行, 태고윤선공사太古轮船公司 등 영국 회사에서 약 23년간 매판으로 일했다. 또 1880~1881년에는 상해 기기직포국上海机器织布局, 상해 전보분국上海电报分局 총판을 겸직했다.

41세에 매판 생활을 청산하고 이홍장이 세운 해운회사인 윤선초상국輪船招商局 총판을 역임했다. 사익을 추구하는 매판 자본가에서 공기업의 수장으로 변신한 것이다. 취임 후, 대대적인 내부 개혁에 착수하여, 빈사상태에 놓인 이 회사를 본 궤도에 올려놓았다. 윤선초상국에서 대략 10여 년을 봉직했다.

그 밖에 개평開平탄광 마카오국 총판, 한양철창漢陽鐵廠 총판, 길림 광무鑛務공사 주駐 상하이 총리 등을 지냈다. 변법유신운동에도 지대한 관심을 보였다. 만년에는 도가道家에 심취했으며, 81세로 생을 마쳤다. 중불전쟁, 청일전쟁, 의화단 운동, 변법유신 운동, 8개국 베이징 점령, 군벌통치 등 시대의 아픔을 모두 겪은 격동의 세월이었다.

정관응을 이야기할 때, 저술활동을 빼놓을 수 없다. 1873년, 매판 경험과 초기의 견해를 담은 《구시게요救時揭要》를 출판했다. 32세 때의 일이다. 여기에서는 인신 매매금지, 아편 금지, 빈민구제, 미신 타파 등을 주장했다. 정관응은 자국인을 유괴하여 노예무역에 나선 외국 상인들의 만행을 지켜보았다. 팔려가는 마카오의 중국 근로자 신세를 '돼지새끼澳門猪仔'에 비유했으며, 이들의 구출을 위해 절치부심했다.

"정관응은 외국 상인들이 중국인을 남미의 페루 등지에 노예로 팔아넘기는 실상을 고발해 사회적인 관심을 불러일으키고자 노력했다."[2]

《구시게요救時揭要》의 내용을 보완하여 1880년에 《역언易言》을 출간했다. 자본주의 경제를 학습하여 민족 경제를 부흥시켜야 한다는 논리를 폈다. 아울러 서구의 의회제도 도입을 주장했다.

《역언》을 더욱 깊이 있고 체계적으로 다듬어 1894년에 《성세위언盛世危言》을 출판했다. 국어사전은 '위언危言'을 '기품 있고 준엄한 말'로 풀이한다. '강해야 모욕당하지 않는다圖强御侮', 곧 '부강구국富强救國'이 《성세위언》의 골자다. 《성세위언》은 출간되자마자 중국 대륙을 뒤흔들었다. 청일전쟁의 패배로 상실감이 극에 달한 지도층, 지식인들이 이 책을 통해 희망의 불씨를 발견했기 때문이다.

《성세위언》의 핵심 내용을 간추려보자.[3]

- 국가의 근본은 민심을 얻는 것이다. 상·하 양원을 세워 민심을 모아야 한다.
- 전기, 통신, 지리, 수학, 화학, 광물학, 의학 등 서양의 실용 학문을 통해 인재를 양성하자.
- 공법公法을 제정하고 힘을 기르자. 힘이 뒷받침되지 않는 공법은 '속 빈 강정'일뿐이다.
- 상전이 병전보다 더욱 긴요하다商战重于兵战. 상무부와 각 성에 상무국을 설립하여, 상법을 정비하고 통상, 무역, 제조업을 발전시키자.

광서 황제는 《성세위언》을 읽고 2,000부를 인쇄하여 고관 대신들에게 읽도록 했다. 장지동張之洞도 국가의 적폐를 치유하는 양약이라며 극찬했다. 일약 《성세위언》 열풍을 일으키며, 베스트셀러로 자리 잡았다. 캉여우웨이, 차이위안페이, 량치차오, 쑨원, 마오쩌둥에 이르기까지 국가 지도자들의 필독서가 되었다.

사마천은 《사기》를 짓는 데 혼을 쏟았고, 정관응은 《성세위언》을 위해 신명을 바쳤다. 세인들은 그를 '상전商戰 사상'의 기초를 세운 인물로 기억한다.

17

최초의 영국 유학생,
옌푸嚴復의 빛과 그림자

옌푸(1854~1921)에게는 '최초' 또는 '제1인자'라는 수식어가 늘 따라붙는다. 최초의 영국 유학생, 서양 사상을 체계적으로 소개한 최초의 인물, 번역계의 태두, 통유석학通儒碩學과 같은 호칭이 바로 그것이다. 또한 중국과 서양의 사정에 정통한 인물이란 의미로 '중서겸통中西兼通'으로도 불렸다.

후학들은 그를 중국 근대사상사에 한 획을 그은 인물로 평가한다. 옌푸는 청불전쟁과 청일전쟁의 참패, 변법유신 운동의 실패, 의화단 운동과 8개국 연합군의 베이징 점령, 신해혁명, 1차 세계대전, 5·4 운동과 같은 극적인 사건들을 몸소 겪었다. 시대의 아픔은 그에게 좌절과 기회를 동시에 안겨주었다. 시대의 격랑을 맞아 때로는 맞서기도 하고 때로는

표류하기도 했던 옌푸의 굴곡진 삶을 들여다보자.[1]

옌푸의 발자취

옌푸는 푸젠성 허우관侯官(현 푸저우시福州市 일부) 출신으로서 의사 집
안에서 태어났다. 어린 시절 이름은 체건體乾이었으며, 자라서는 촨추傳
初에 이어 다시 쭝광宗光으로 바꿨다.

옌푸는 사서오경을 외우면서 과거 급제를 통한 입신출세의 꿈을 키웠
다. 만 12세 되던 1866년에 혼례를 치렀으며, 그 해 와병 중이던 부친 엄
진선嚴振先이 세상을 하직했다. 이후, 가세가 기울자 편안히 책상에 앉아
공부할 형편이 못됐다. 같은 해에 푸저우에 위치한 선정학당船政學堂(5년
제 해군사관학교)에 수석으로 입학했다. 선정국 부설 학교로서 학비가 면
제됨은 물론 생활비도 지급됐다.

이 학교는 항해술, 조선 기술 분야 인재를 양성하는 일종의 기술학
교였다. 이곳에서 영어·항해술·수학·물리학·화학 등을 배웠으며
1871년에 가장 우수한 성적으로 졸업했다. 다음 해 이름을 옌푸로 바꾸
고, 자를 기도幾道라 했다. 졸업 후 5년 동안 군함 건위建威·양무揚武호에
승선하여 해군 항해사로서의 자질과 기본을 익혔다.

1877년, 처지식을 남겨둔 채 고달픈 유학길에 올랐다. 영국 왕립 해
군사관학교The Royal Naval Academy에서 항해술 등을 익히고 2년 뒤 귀
국하여 선정학당으로 돌아왔다. 1880년, 옌푸는 리홍장의 부름을 받아
갓 창설된 북양 수사학당의 총교습總教習(교무처장)으로 부임했다. 학교
의 창설 요원으로서 학생 모집, 교과과정 편성 등 폭주하는 일로 분주

하게 지냈다.

1884년 뜻밖에 비보가 날아들었다. 프랑스와 벌인 해전에서 푸젠성 일대를 지키는 남양해군이 전멸했다. 옌푸의 선정학당 출신 동료, 후배들 상당수가 전사했다. 그는 매우 비통해했다.

1890년 옌푸는 총판總辦(교장)으로 승진했다. 그러나 결코 총판의 지위에 만족하지 못했다. 부국강병이라는 원대한 포부를 펼치기에는 너무나 자신의 입지가 좁았다. 과거에 급제한 진사 출신들이 요직을 장악한 사회에서 이 최초의 영국 유학생은 그다지 주목을 받지 못했다. 그는 주요 의사결정 과정에서 철저히 배제됐다.

옌푸는 권력 핵심부에 진입하여 꿈을 펼치고자 과거科擧의 문을 두드렸다. 30대 초반부터 10년 가까이 모두 4차례 응시했으나 고비를 마시고 말았다. 그러다 관직생활에 대한 염증과 암울한 현실을 달래기 위해 아편에 손을 댔다. 옌푸는 청일전쟁에서 일본에 무기력하게 패하자 과거 응시에 대한 미련을 버렸다.

청일전쟁(1894~1895)의 충격은 참으로 컸다. 동양 최대의 위용을 자랑하던 양무파 리훙장의 북양함대는 서서히 침몰했다. 정관응鄭觀應의 표현대로 '총알만 한 크기의' 섬나라에 완패하자 중국의 자존심은 철저히 무너져내렸다. 인민은 집단 무기력증에 빠졌다. 이 해전에서 옌푸가 고혈을 바쳐 길러낸 북양 수사학당 제자 대다수가 수장됐다. 옌푸는 밤새 통곡했으며 울분과 좌절의 나날을 보냈다. 그래서일까? 아편의 유혹을 떨쳐버릴 수 없었다.

전화戰禍는 여기에서 그치지 않았다. 1900년, 수사학당이 8개국 연합군의 집중포격으로 불에 타자, 옌푸는 둥지를 잃고 잠시 상하이로 피신했다. 1901년 광산 개발 사업에도 손을 댔으며, 톈진에 있는 개평 광무국開平 礦務局 총판을 지냈다. 이어서 경사대학당京師大學堂(베이징 대학 전신) 부설 역서국譯書局 책임자, 상하이 푸단공학復旦公學(현 푸단대학 전신) 교장을 역임했다.

1910년 청 정부에서 '문과 진사' 칭호를 하사했으며, 해군부에서 협도통協都統(해군 소장급)의 지위를 부여했다. 오래도록 갈망했던 진사와 해군 제독의 꿈을 모두 이루었다. 1912년, 베이징 대학 초대 교장을 지낸 뒤 이듬해 위안스카이 총통부의 외교·법률고문으로 부름을 받았다. 1915년에 중화민국 헌법기초위원회 위원을 지냈다.

1916년 위안스카이가 급사하자 화를 피해 톈진으로 도피했다. 위안스카이와 장쉰張勳의 복벽復辟(군주제 부활)에 공감했으나 5·4 신문화 운동에는 등을 돌렸다. 그 후 1921년 푸저우에서 천식이 도져 향년 69세로 생을 마쳤다. 그는 오래도록 아편에 손을 댔고 좀처럼 끊지 못했다. 그의 죽음도 이와 무관하지 않다고 측근 의사는 전한다.

언론인, 번역가 그리고 정치가의 길

옌푸는 언론 활동, 강연, 저술 및 번역 작업 등으로 바쁜 나날을 보냈다. 민주·과학·공리·평등·사회진화론·입헌군주제 등 서구의 제도와 사상에 관심을 기울였다. 1895년 무렵부터 다수의 논설을 발표하며, 변법유신 운동의 이론가이자 선전가로 활동했다.

1897년에 톈진에서 일간지 〈국문보國聞報〉와 자매지 〈국문휘편國聞彙

編〉을 창간했다. 옌푸는 스펜서를 정신적 스승으로 섬겼다. 스펜서, 헉슬리의 저작과 견해들이 신문 지면에 소개됐다. 이보다 1년 앞서 량치차오(1873~1929)는 상하이에서 〈시무보時務報〉를 발간하여 변법유신을 널리 알렸다. 남과 북에서 동시에 '변법자강'의 포문을 연 것이다.

1902년부터 1909년까지 옌푸는 초인적인 에너지를 쏟아 부으며, 번역과의 고독한 싸움을 즐겼다. 마침내 모두 7권의 번역서를 펴냈다. 애덤 스미스의《국부론》, 스펜서의《사회학 연구》, 존 스튜어트 밀의《자유론》과《논리학 체계》, 에드워드 젠크스의《정치학사》, 몽테스키외의《법의 정신》, 제본스의《논리학 입문》을 번역했다. 특히《법의 정신》한 권을 번역하는 데만 6년 넘게 걸렸다.

1913년에 공교회孔敎會를 발기하고 이끌었다. 공자를 받들고 경전을 학습하자는, 이른바 '존공독경尊孔讀經'을 극력 제창했다. 서구적 가치인 민주와 과학에서 진리를 발견하려던 초심을 버리고 수구守舊로 선회한 것이다.

유혈혁명을 줄곧 반대했던 옌푸는 신해혁명 이후 야심가 위안스카이에게 일말의 희망을 걸었다. 1912년 〈평보平報〉에 '국민이 정부를 지나치게 책망해서는 안 되는 까닭을 논함論國民責望政府不宜過深'이라는 글을 발표하여 위안스카이 정권을 적극 감쌌다. 1915년에 주안회籌安會(위안스카이 황제 추대 지지 모임) 발기인 명단에도 이름을 올렸다.

몇 편의 주요 논설에 대해 살펴보자. 옌푸는 청일전쟁에서 패한 직후에 변법자강을 도모하는 일련의 글을 기고했다. 1895년, 천진에서 〈직보直報〉 상에 '원강原强', '세계 변화의 빠름을 논함論世變之亟', '벽한闢韓

(한유를 반박함. *벽은 반박의 뜻)'을 연이어 발표했다. '원강'에서 국가 존망은 인민의 지·덕·체 함양에 달려 있다고 했다. 여기에는 아편 및 전족 금지, 인민의 기백 고양, 서구적 지식과 원리 학습, 존민尊民의식 고취 등의 내용이 포함됐다.

'세계 변화의 빠름을 논함'에서는 중국과 서양의 차이를 지적했다.

> 중국은 효로 천하를 다스리나 서양은 공公으로 다스린다. 중국은 군자를 받들고 서양은 인민을 받든다. 중국은 전체적 통일성을 중시하나, 서양은 개성을 중시한다. 중국에는 금기가 많고 서양에는 비판이 많다. … 중국인은 박식을 자랑하나, 서양인은 신지식을 높이 평가한다.[2]

국가 부흥을 위해 자유·공리·비판·개성 등 서양의 가치와 관념을 적극 받아들일 것을 제창했다. 옌푸는 봉건군주제에도 회의를 품었다. '벽한'에서 옌푸는 한유를 거세게 몰아붙였다. 옌푸는 군신의 윤리가 절대불변의 가치임을 내세운 한유를 비판했다. 그러나 중국에서 군신관계의 완전한 폐기는 불가능하다며, 입헌군주제를 주장했다.

> …이찌히어 위에서 당당히 구림하는 자가 있어 수탈하면서 살아가고, 명령을 내려 부리고, 생산물을 따지면서 처벌하기도 하고, 때로는 우리를 학대하여 원수가 되는 일이 생겨날까? 군신의 윤리는 부득이함에서 생겨나는 것이라 할 수 있다. 부득이함이라는 점에서 도道의 근원이 될 수 없다. …한유는 군신의 윤리를 천지와 함께 영원히 변할 수 없는 것

이라고 했으니, 어찌 도를 아는 자라 할 수 있을까?[3]

청일전쟁의 참패는 곧 양무파가 내건 '중체서용中體西用'의 파산을 의미했다. 양무파가 길러낸 상징적인 인재 옌푸는, 1902년에 쓴 〈외교보 주간에게 보내는 편지與外交報主人書〉에서 중체서용의 논리를 비판했다.

⋯소라는 체體가 있으면, 무거운 짐을 지는 용用이 있습니다. 말이라는 체가 있으면, 멀리 가는 용이 있습니다. 중국과 서양의 학문에는 각기 체와 용이 존재합니다. ⋯중국의 학문을 기본으로 하고, 부족한 부분은 서양의 학문으로 보충한다는 주장은, 얼핏 듣기에 지극이 옳은 것 같지만 실상은 그렇지가 않습니다. ⋯논리학, 수학, 화학, 물리학 네 가지는 모두 과학입니다. 이들 학문의 진리는 모든 것에 두루 통합니다. 의학, 농학, 광물학, 약학, 교통, 군대는 모두 부강의 바탕입니다. 중국이 이러한 것들을 모방했으나 실패한 이유는 위정자들이 과학에 무지했기 때문입니다.[4]

1902년에 쓴 '주인과 손님의 논쟁主客評議'에서 의화단 운동을 '요망한 인민과 도적 같은 병사의 준동'이라며 날선 공격을 퍼부었다. 아울러 구파와 신파 모두를 질타했다.

⋯봉건제도, 문물, 풍속은 장기간 점진적으로 개혁해야 한다. ⋯어찌 한두 명의 불분명한 주장과 거사로써 유혈을 불러 자유의 나무에 피를

뿌리고자 하는가! 그대들의 계획이 좋지 못한 것이요, 또한 나라에 큰 해를 끼치는 것이니 이중으로 슬픈 일이다.[5]

옌푸는 주인의 입장에서 구파와 신파 두 손님의 수구적 태도와 급진적 혁명 노선을 모두 비판했다. 점진적인 개혁을 주장한 이 글은 많은 관심을 끌었다. 그러나 그의 주장은 쑨원이 이끄는 혁명파로부터 배척을 당했다.

1904년에 개평 광무국 소송사건이 불거져 교섭 차 런던에 파견된 옌푸는 다음 해 이곳에서 쑨원孫文과 조우했다. 옌푸가 교육과 계몽을 통한 점진적 개혁을 힘주어 말하자, 쑨원은 그에게 유명한 말을 남겼다.

"얼마나 오랫동안 강물이 맑아질 때를 기다릴 수 있겠소? 선생은 사상가지만, 나는 행동가요."[6]

《천연론天演論》과 백암 박은식

옌푸를 말할 때 《천연론》을 빼놓을 수 없다. 헉슬리의 《진화와 윤리학Evolution and Ethics and Other Essays》을 번역한 책이 바로 《천연론》이다. 이 작품은 옌푸라는 이름을 널리 알린 대표작으로 공전의 히트를 기록했다. 1896년에 초고가 완성됐으며 2년 뒤에 출간됐다.

옌푸는 번역을 하는 동안 단어와의 사투를 벌였다. '적절한 단어 하나를 찾아내기 위해 열흘 혹은 한 달을 고민했다'며 번역의 고통을 토로했다. 그가 번역의 원칙으로 제시한 '신信', '달達', '아雅'라는 세 글자는 후세 번역가들의 전범이 되었다. 이른바 유명한 '삼자경三字經'이다.

원문에 충실하고 정확해야 하며信,

물 흐르듯 의미가 전달되어야 하고達,

문장은 아름답고 우아해야 한다雅.[7]

《천연론》은 진화의 관념을 체계적으로 중국에 소개한 최초의 번역서라 할 수 있다. 이 책은 출간되자마자 판을 거듭하며 출판계를 석권했다. 진화를 뜻하는 '천연'이란 단어는 적자생존, 생존경쟁, 우승열패優勝劣敗, 약육강식 등과 더불어 시대정신을 상징하는 용어가 됐다. 지금 '천연'이라는 단어는 사어가 됐다. 몇 종류의 국어사전을 뒤져봐도 보이지 않는다. 아이러니하게도 '천연'이란 단어는 '진화'라는 용어와 생존경쟁을 벌여 도태된 것이다.

옌푸는 《천연론》 초고를 20대의 샛별, 량치차오에게 보내 감수를 의뢰했다. 초고를 읽고 감격한 량치차오는 정중히 가르침을 청하는 편지를 띄웠다. "지금 천하에서 자신을 알아주고 가르칠 수 있는 자는, 부친과 스승을 빼고는 옌푸 선생밖에 없다."[8] 이를 계기로 스무 살 아래인 량치차오와 의기투합하여 오래도록 흉금을 터놓고 지냈다.

차이위안페이, 루쉰, 후스 그리고 마오쩌둥에 이르기까지 당대의 선각자들은 '천연'의 마력에 열광했다. 이들 뿐만 아니라 많은 지식인들은 우승열패가 초래할 냉혹한 현실을 직시하고, 열강에 의해 중국이 과분瓜分될 수 있다는 위기감에 빠졌다. '천연' 두 글자는 중국인의 뇌리에만 각인된 것이 아니었다.

'천연'이라는 글자에 김택영金澤榮, 박은식, 신채호, 장지연, 현채玄采

(번역 사학史學의 대가) 등도 매료됐다. 옌푸의 《천연론》은 약소국 지식인들에게 한 줄기 불빛이었다. 박은식은 《대한자강회 월보》 제4호 〈자강능부의 문답自强能否의 問答〉에서 '천연'이라는 단어에 주목했다. "현금의 시대는 생존경쟁을 '천연'이라 논하며, 약육강식을 공례公例라 말하는 지라."[9]

진사 출신이자 저명한 문인 창강滄江 김택영(1850~1927) 선생은 망명지인 통저우通州(현 장쑤성 난통시南通市)에서 고단한 삶을 마감했다. 옌푸 일기에 의하면 1909년 창강은 상하이에서 옌푸와 두 차례 만났다고 한다. 두 우국지사 간에 과연 무슨 이야기가 오갔을까?

캉여우웨이, 후스, 마오쩌둥, 그리고 벤저민 슈워츠에 이르기까지 동시대인 및 후학들의 옌푸에 대한 평가는 후한 편이다. 아마 마오쩌둥의 말처럼 서구적 가치에서 진리를 발견하려 했던 자세와 선구자적 업적 때문일 것이다.

옌푸는 군인·언론인·번역가·학자·광산개발 사업가·교육자·정치가로서의 다양한 삶을 살았다. 그가 실현하려 했던 부국강병의 꿈은 미완에 그쳤지만 학문과 권력, 명예를 한 몸에 누렸다. 요람에서 무덤까지 일평생 봉건 청조의 은택과 시혜를 입었다. 목을 걸고 투쟁하던 혁명파의 입장에서 보면, 양지를 지향한 기회주의적인 삶이었다. 이러한 행보를 보인 것을 두고 그의 우유부단한 기질 탓으로 돌리기도 한다.

만년에 옌푸는 세계일차대전의 참극을 지켜보면서 서구적 원리와 관념에 깊은 회의를 품었다. 진화론자에서 공자 추종자를 거쳐 점차 불교와 노장사상에 빠져들었으며, 죽음에 임박해서는 《장자》에 탐닉했다. 그의 지적 편력, 지적 방황은 그칠 줄 몰랐다. 이를 두고 그를 수구주의자로 매도해서는 진면목을 제대로 살필 수 없다. 궁즉변窮則變, 변즉통變則通, 통즉구通則久라는 말처럼, 진리를 발견하기 위해 끊임없이 고뇌하는 지식인의 여정으로 그의 삶을 바라봐야 할 것이다.

18

변발의 광인,
구훙밍辜鴻銘의 별난 중국 사랑

구훙밍(1857~1928)은 '변발辮子 교수', '광인 선비狂士', '괴걸怪傑'로 불린다. 신사의 나라 영국에서 오랜 기간 유학생활을 했지만, 변발과 구식 복장을 고집했다. 루쉰을 비롯한 많은 지식인들이 돼지 꼬리 같은 변발을 앞 다퉈 잘라버리고 양복을 입을 즈음이었다.

구훙밍이 어느 날 변발을 늘어뜨린 채 강의실에 들어서자 학생들이 배꼽을 틀어잡고 일제히 폭소를 터뜨렸다. 철부지 학생들에게 그가 일갈했다. "나는 눈에 보이는 변발을 했지만, 제군들은 가슴 속에 무형의 변발을 하고 있다네我頭上的辮子是有形的, 你们心中的辮子却是無形的." 그러자 일순간 정적이 감돌았다.

그는 한 평생 '앵글로색슨 관념'과의 전쟁을 벌였다. '푸른 눈'의 잣대로 중국을 재단하려는 행태를 온몸으로 거부한 것이다. 청말 민초에 6개 국어를 구사하며, 동서양의 학문을 자유롭게 넘나든 그의 지성은 오만한 서양인을 일깨워주기에 충분했다.

구훙밍처럼 노골적이며 편집광적으로 중국과 중국인을 뜨겁게 사랑한 인물도 드물 것이다. 그는 화교인 아버지와 금발의 푸른 눈을 가진 어머니 사이에서 태어났다. 모친은 영어와 포르투갈어를 할 줄 알았으며, 부친 또한 영어, 말레이어, 민남어閩南語(푸젠성 방언)에 능숙했다.

조상들의 고향은 푸젠성이며, 그가 태어나고 자란 곳은 말레이시아의 섬이다. 그의 원래 이름은 탕생湯生이었다. 그의 아버지는 영국인 브라운이 경영하는 말레이시아 고무농장 관리 책임자로 일했다. 자녀가 없던 브라운 부부는 이해력과 기억력이 비상한 구훙밍을 양자로 삼았다. 구훙밍은 열 살에 양부모를 따라 영국으로 건너갔다.

그는 일찍부터 어학 분야에서 발군의 실력을 보였다. 말레이어, 영어, 독일어, 불어, 라틴어, 그리스어 등을 익혀 상당한 수준에 도달했다. 에든버러 대학에서 문학 석사 학위를 취득했고 뒤이어 라이프치히 대학과 파리 대학에서 문학, 철학, 법학 등을 공부했으며, 14년 만에 귀국했다.

귀국 후 중체서용中體西用을 부르짖은 양무파 대신 장지동張之洞(1837~1909) 밑에서 20년 동안 통역관 겸 비서를 지냈다. 아울러 중국문화, 중국 고전 연구를 병행했다.《논어 The Discourses and Sayings of Confucius》,《중용 Conduct of Life》,《대학 The Higher Education》등을 영문으로 번역해 서방에 전파했다.

상해 남양공학(상해 교통대학의 전신)의 감독(교장)과 북경 대학 영문학

교수를 역임했으며, 72세로 타계했다. 중국문화와 중국인의 참모습을 서방에 전파하려 애�쓴 치열한 삶이었다.

루쉰 하면 《광인일기》, 《아큐정전》이 떠오르듯, 구훙밍을 얘기할 때 《중국인의 정신The Spirit of the Chinese People》을 빼놓을 수 없다(중국어 책 제목은 《춘추대의春秋大義》). 구훙밍이 영문으로 쓴 이 책은 1915년에 출간됐으며, 곧 바로 세계인의 이목을 끌었다.

《중국인의 정신》에는 〈중국인의 정신〉, 〈중국 부녀〉, 〈중국 언어〉, 〈중국의 존 스미스〉, 〈위대한 한학자〉, 〈중국학 1, 2〉 등을 포함하여 모두 8편의 글이 실려 있다. 이 책은 서구인의 관념이 지배하던 당시에, 중국의 진면목을 널리 알리려 했던 그의 오랜 사색과 결단의 산물이다.

구훙밍이 주장한 '중국인의 정신'을 상징하는 키워드를 집약하면 다음과 같다.

충, 효, 예, 의리, 염치, 온화, 우아, 정절, 무욕, 희생, 심오, 질박, 침착, 평온, 동정심, 정감, 장중, 명분….

이 책의 중심 주제는 '진정한 중국인', '중국 여성', '중국 언어'이다. 그는 진정한 중국인을 이렇게 정의했다. '어린아이와 같은 마음과 성인의 지혜를 지니고서 영적인 생활을 영위하는 사람이다.' 그는 공자를 진정한 중국인으로 받들었다.

그리고 중국의 여성관에 대해 피력했다. 이상적인 중국 여성이 갖춰야 할 덕목으로 품행, 말씨, 용모, 일女工 등을 제시했다. 중국 부녀자의 목표는 좋은 딸, 좋은 아내, 좋은 어머니로 사는 데 있다고 했으며, 이상적인 여성상을 가정주부에서 찾았다. 진정한 아내는 남편에게 충실해야 할 뿐만 아니라, 그를 위해 희생적이고 무욕적인 생활을 영위해야 한다고 했다.

구훙밍의 중국 언어에 대한 사랑은 각별했다. 〈중국 언어〉의 일부를 요약하자면 다음과 같다.

> 중국어 구어는 어렵지 않을 뿐만 아니라 내가 구사할 수 있는 여섯 가지 언어와 비교해 볼 때, 말레이어를 제외하고는 세계에서 가장 쉬운 언어라고 생각한다. 구어白話文는 격과 시제, 규칙과 불규칙 동사가 없어서 어떠한 규칙에도 속박당하지 않는 질박한 언어다. 오히려 순진무구한 어린 아이들이 더 쉽게 구어를 익힌다. 중국어 구어는 동심童心의 언어이므로 동심으로 돌아가 배워야 한다.
> (…) 중국어는 영혼의 언어이자, 시적 언어다. 문언문文言文은 언어 자체가 심오하고, 심층적인 정감을 간결한 어투로 표현하기 때문에 어려우며, 천박한 무리들이 심오한 중국어를 배우기 힘든 것은 자연스러운 일이다.[1]

한편 〈중국의 존 스미스〉와 〈위대한 한학자〉, 〈중국학 1〉에서는 어설픈 중국어와 중국인에 대한 무지와 편견을 가지고 펜을 마구 휘두른 이방인 선교사와 학자들을 풍자했다. 여기에서 말하는 '존 스미스'란, 중국인에 대한 우월감을 가지고, 앵글로색슨의 관념으로 중국인의 성격을 개

조시키려 한 앵글로색슨족의 후예를 가리킨다.

그의 주요 공격 대상은 25년에 걸쳐 유교 경전을 번역한 제임스 레그James Legge(1814~1897), 《중국문학사》, 《중영사전》 등을 편찬한 자일즈H.A. Giles(1845~1935), 《중국인의 특성Chinese Characteristics》을 지어 세계적인 화제를 불러 일으켰던 아더 핸더슨 스미스Arthur Handerson Smith(1845~1932) 등이었다. 문외한, 선무당들이 중국인, 중국문화를 자의로 해석하여 망쳐 놓았다며 격한 반응을 일으켰다.

참고로 스미스가 기술한 스물여섯 가지 '중국인의 특성'은 다음과 같다.

> 강인한 생명력, 근검절약, 예의 바름, 효도, 선행심, 지나친 체면치레, 시간관념 결핍, 정확성 결여, 오해를 잘하는 천성, 에둘러 말하기, 완고함, 무딘 신경, 외국인 멸시, 공공심 결여, 수구적 태도, 쾌적함과 편리함을 강구하지 않음, 시기와 의심, 성실과 신용의 결여…

구훙밍은 스미스와 《중국인의 특성》에 대해 불편한 심기를 드러냈다.

> 아더 스미스 목사는 영국의 존 스미스가 중국인보다 우월하다는 것을 증명하려고 책을 썼다. 그는 존 스미스들의 친근한 벗이 되었고, 그가 쓴 《중국인의 특성》은 존 스미스들의 성경이 되었다.[2]

〈중국의 존 스미스〉에는 '중국인 존'도 등장한다. 구훙밍에 의하면 중국인 존은 '앵글로색슨 관념으로 개조되어 정신착란을 일으킨 중국인'을 지칭한다. 이른바 '서양물'을 먹은 인물들을 정신착란자로 매도했으니, 그에게 쏟아지는 비난의 화살을 감당하기 어려웠을 것이다. 구훙밍이 서구인에게 던지는 메시지는 준엄했다.

> 현재 유럽 문명은 파산에 직면해 있지만, 중국은 그 가치를 점칠 수 없고 의심할 여지없는 놀라운 문명적 자산을 지니고 있다. (…) 여기에서 내가 지적하고 싶은 것은, 중국 문명의 보고는 바로 중국인이란 점이다. 진정한 중국인이 바로 문명적 자산이라고 말하는 이유는, 중국인은 큰 출혈 없이 질서 있게 스스로를 지킬 수 있었기 때문이다. 여기에서 내가 유럽인과 미국인에게 분명히 경고하고자 하는 것은, 이러한 문명적 자산을 파괴하지 말고, 아울러 진정한 중국인을 개조하거나 짓밟지 말라는 것이다.[3]

구훙밍은 중국인과 중국문명의 특징으로 '심오', '박대博大', '순박', '영민靈敏, Delicacy'을 꼽았다. 영국인, 미국인, 독일인이 갖추지 못한 이러한 네 가지 특징을 오직 중국인에게서만 발견할 수 있다며 '중국인 예찬론'을 편 것이다. 그러나 영국인이 앵글로색슨족에 대한 자부심을, 독일인이 게르만족에 대한 우월감을 드러내듯, 그 또한 아래의 글처럼 중국인의 순수성을 과시하는 우愚를 범했다. "유럽인이나 미국인의 인간성을 진정한 중국인의 그것으로 바꿀 수 있다면, 세상은 많은 부담에서 벗어날 수 있을 것이다."[4]

'중국의 존 스미스'를 비판하면서 구훙밍도 은연중 중화 우월주의의 시각으로 서구를 평가하려는 '미국의 왕서방'이 되어버린 것 같다. 그는 당시 서양인이 신뢰하는 대표적인 중국 지성이었지만, 나라 안에서는 공자 추종자, 유교 신봉자, 황제 체제를 고집하는 복벽復辟주의자로 매도당했다. 기행과 파격, 궤변, 고루한 사상 고집 등 많은 허물에도 불구하고, 중국인과 중국문화를 준거로 콧대 높은 서양인을 호되게 꾸짖은 이 괴짜 양반을, 중국의 후세들은 진정한 중국인의 표상으로 기억한다.

19

인재를 몰고 다닌
차이위안페이蔡元培

'크게 버리는 자가 크게 얻는다'고 했다. 보장된 지위와 부귀영화를 팽개치고, 이상을 좇아 신산辛酸의 길을 택한 인물이 떠오른다. 그가 바로 차이위안페이(1867~1940)다. 차이위안페이는 청조가 길러낸 진사로서, 무능한 청조에 칼끝을 겨눈 특이한 경력의 소유자다. 그는 한림원 관리로 출발하여 혁명가·언론인·정치가·사상가·교육실천가로서 시대에 한 획을 그은 걸출한 인물이었다.

그에게는 근대 교육의 아버지, 근대의 공자, 정인군자正人君子라는 존칭이 따라붙었다. 그가 가진 공식 직함은 광복회장, 교육부장관, 북경대학 총장, 중화민국 대학원장(교육부 대체 기구), 중앙연구원장, 국민당 감찰원장, 민권보장동맹 부주석 등을 포함하여 무려 30개 가까이 된다.[1]

혁명과 구국에 바친 삶

차이위안페이는 절강성 소흥 사람이다. 유년 시절부터 한학을 배웠다. 23세에 왕자오王昭와 결혼했으며, 26세에 진사가 됐다. 청일전쟁에서 대패하고도 미몽에서 깨어나지 못한 무능한 청 정부에 크게 실망했다. 32세에 한림원을 떠나 낙향하여 교편을 잡았다. 34세 때인 1900년, 부인이 병사하자 이듬해에 재덕을 겸비한 황스전黃世振과 재혼했다.

37세 되던 1904년, 혁명조직인 광복회 창건을 주도하고 이끌었다. 1905년 쑨원이 차이위안페이를 중국동맹회(*국민당 전신) 상해 분회장으로 임명했다. 그는 비밀폭탄 제조팀에 몸담고 폭탄 제조방법과 군사훈련을 익혔다. 이로 인해 쫓기는 몸이 되자, 해외 망명길에 올랐다. 1908년부터 1911년까지 3년 동안 독일 라이프치히 대학에서 세계사를 연구했으며, 칸트의 철학과 미학에 심취했다. 독일어인 'Asthetische Erziehung'을 최초로 '미육美育'으로 번역했으며, 미육의 대중화에 기여했다. 중국 근대 최초로 미학의 중요성을 환기시킨 인물로 꼽힌다.

신해혁명 성공 후 부름을 받고 귀국했다. 46세 때인 1912년 1월, 교육부장관에 취임하여 학제 개정, 교과과정 개정 등 일련의 획기적 개혁조치를 취했다. 위안스카이가 공약한 공화정을 파기하고 황제가 되려는 야심을 드러내자 그해 7월 장관직을 사직하고 다시 이전에 머물던 라이프치히 대학으로 돌아갔다.

1913년~1916년에 프랑스에 체류하며 양국 간 교육·문화 교류에 힘을 기울였다. 리스쩡李石曾, 우즈휘吳稚暉 등과 더불어 근공검학勤工儉學 (아르바이트의 의미) 운동을 전개했다. 1921년, 근공검학생 2000여 명이

선발되어 프랑스에 도착했다. 이 가운데 가장 어린 16세 소년이 사천성 광안廣安 출신의 덩샤오핑이었다. 여기에는 미래의 총리, 20세의 저우언라이도 섞여 있었다. 강인한 의지를 품은 차이위안페이 등의 인재육성 노력에 힘입어 고국을 떠난 고학도苦學徒들은 한 세기가 지난 뒤 중국의 미래를 짊어진 동량이 됐다.

교육부를 떠난 지 5년 후인 1917년 1월, 51세의 차이위안페이는 북경대학 총장에 취임하여 미증유의 개혁을 단행했다. 교수평의회를 설치하여 교수 중심으로 학교를 운영했으며, 유사·중복 학과를 대폭 정비했다. 아울러 대학 내에 각종 연구소를 설치하고 국내 석학과 해외 인재들을 대거 불러들였다. 개교한 지 1세기가 더 지난 오늘날에도, 후학들은 그를 북경대학 역사상 가장 개혁적인 총장으로 꼽는다.

55세 때인 1921년, 20년을 함께한 부인 황 여사가 서거했다. 이듬해 저우양하오周養浩 여사와 세 번째 결혼식을 올렸다. 58세 때인 1924년, 쑨원이 그를 국민당 중앙감찰위원 후보로 지명했고, 이어 중앙감찰위원을 역임했다. 1927년 12월 1일, 차이위안페이의 주례로 상해에서 장제스와 쑹메이링의 이른바 '세기의 결혼식'이 열렸다.

62세가 되던 해인 1928년, 상해 교통대학 총장과 감찰원장을 겸임했다. 같은 해 중앙연구원장에 취임하여 본 연구원의 초석을 다지는 일에 전념했다. 1930년, 차이위안페이는 마오쩌둥의 부인 양카이휘楊開慧의 석방을 위해 적극 노력했다. 사회 저명인사들과 연서하여 군벌 허젠何健에게 전문을 발송했다. 그러나 전문이 늦게 도착했다는 핑계를 대며 처형해버렸다.

1932년, 중국민권보장동맹 부주석(주석 쑹칭링)을 맡아 루쉰 등과 더불어 국민당의 인권 탄압을 폭로했으며, 공산당원 석방 운동을 적극 전개했다. 1936년 14세 아래인 루쉰이 서거하자 루쉰 장례위원장을 맡았으며, 루쉰 전집 출판을 주관했다. 동향 사람인 루쉰을 차이위안페이는 무척이나 아꼈다. 저명한 문학자이자 역사학자인 궈모뤄郭沫若의 말을 들어보자.

> 루쉰의 생활에 지대한 영향을 미친 인물로 당연히 차이위안페이 선생을 꼽을 수 있다. 포부가 원대하고 도량이 넓은 자유주의자 차이위안페이 선생은 루쉰을 높이 평가했으며, 그에게 보인 태도는 시종 변함이 없었다. 루쉰의 교육부 진출은 곧 북경 교육계로의 진출이며, 모두 차이위안페이 선생이 이끌어 준 것이다.[2]

1937년, 대학총장과 교수 102인이 영문으로 연서하여 일본 군국주의의 중국 침략을 규탄했다. 1939년 국제반침략대회 명예 주석으로 활동했으며, 1940년 향년 74세로 홍콩에서 병사했다. 차이위안페이는 슬하에 5남 2녀를 두었다.

차이위안페이는 당시에 보기 드물게 트인 여성관을 가졌다. '굶주리는 것은 작은 일이요, 정조를 잃는 것은 큰 일'이라는 낡은 도덕관념을 혐오했다.[3] 자유연애와 자유결혼, 이혼과 재혼의 자유를 인정했다.

그가 33세 되던 해, 부인 왕자오가 병사하자 중매쟁이의 발길이 끊이지 않았다. 그는 재혼의 조건으로 전족 금지, 글자를 깨칠 것, 남편 사후

개가할 것, 부부가 서로 뜻이 맞지 않으면 즉시 이혼할 것 등과 같은 조건을 제시했다.[4]

1920년, 왕란王蘭이 북경대학 입학을 소원하자 차이위안페이는 입학을 허가했다. '남녀칠세부동석'의 완고한 관념이 사람들의 뇌리를 지배하던 때였다. 북경대학 최초의 여학생인 왕란은 상징적 존재가 됐으며, 그 파급효과는 엄청났다. 도처에서 이를 모방하여 남녀공학을 허용하는 분위기가 조성됐다.

평생을 책과 씨름하며 책 속에 파묻혀 살았던 차이위안페이는 새벽부터 밤중까지 읽고 썼다. 그의 대다수 작품은 까오핑수나 쑨창웨이孫常煒가 각각 엮은 차이위안페이 전집에 수록됐다.[5] 이 중 유명한 〈홍수와 맹수〉에 대해 몇 마디 부언하고자 한다. 5·4 운동이 발발하자 군벌 두완치루이의 수하 장군이 징산景山 정상에 포를 설치하고, 북경대학을 포격하여 차이위안페이를 죽이려고 했다. 그러자 차이위안페이는 돌연 《신청년》에 〈홍수와 맹수〉라는 글을 발표했다. 이 글에서 신사조를 '홍수'에, 북양군벌을 '맹수'에 비유했다. "5·4 신사조의 '홍수'로 사람을 물어뜯는 '맹수'를 쓸어버리자!"며 포효했다.

안중근 의사를 흠모하고 기리다

전하는 얘기에 따르면, 소흥 사람들은 복수의 화신, 월 왕 구천을 닮아 불굴의 정신과 기개를 지녔다고 한다. 차이위안페이는 작은 키에 마른 체형이었으나, 과묵했으며 담력과 배짱이 대단했다. 그는 형가荊軻와 같은 협객, 담사동譚嗣同과 같은 의사義士를 숭배했다.

28세 때인 한림원 편수 시절, 정관응의《성세위언》, 이규李圭의《환유지구인록環游地球引錄》같은 부국강병을 도모하는 서적을 탐독하며 국내외 정세와 신학문에 눈을 떴다. 아울러 자연과학 서적인《전학입문電學入門》등을 읽으며 과학 입국의 의지를 다졌다.

한림원 관리로서 책에 파묻혀 지낼 무렵, 청일전쟁(1894)과 백일유신(1898)이라는 양대 사건을 겪었다. 청일전쟁에서 참패한 뒤 굴욕적인 마관조약을 체결한 청 정부의 태도에 격분했고, 미완에 그친 변법유신 운동에 몹시 좌절했다.

차이위안페이는 백일유신의 실패로 강유위의 동생, 강광인康廣仁, 담사동을 비롯하여 이른바 '무술육군자戊戌六君子'가 북경의 차이스커우菜市口에서 목이 잘리자 비분강개했다. 특히 도피한 강유위, 량치차오와 달리 당당하게 죽음을 맞이한 담사동의 기개에 크게 고무됐다.

동료 관리들이 봉록의 달콤함에 취해 있을 때, 차이위안페이의 마음은 조금도 편치가 않았다. 그는 미래가 없는 벼슬살이와 무기력한 자신을 발견하고 비애를 느꼈다. 마침내 강고한 철밥통을 내던지고 쑨원이 이끄는 혁명의 대로에 들어섰다. 그가 본격적으로 테러 조직에 가담하여 활동한 시기는 36세 때인 1902년 무렵부터다.

혁명공작을 펼치던 중 서석린徐錫麟(1873~1907), 미모의 '여협객' 추근秋瑾(1875~1907) 등 혁명동지들이 꽃다운 나이로 희생됐다. 두 사람 모두 충절의 고향, 소흥이 배출한 인물이었다. 국내 혁명조직의 수괴, 차이위안페이도 주요 수배자 명단에 포함됐다. 그는 사태를 주시하며 해외 망명길에 올랐다. 독일 라이프치히 대학에서 연구에 힘쓰는 한편 국내

사태의 추이를 예의주시했다.

1909년 10월 26일, '일제의 심장'을 저격하여 세계를 뒤흔든 사건이 중국 대륙에서 일어났다. 라이프치히 대학에 머물던 차이위안페이는 안중근(1879~1910)의 장거를 접하고 적지 않은 감흥이 일었다.

> 아! 열사烈士가 나라를 위해 죽으니 호연정기가 흥기하누나. 열사는 당년에 큰 뜻을 품고 북쪽으로 가서, 손가락을 잘라 굳게 맹세하고 비장한 노래를 불렀다. 한 번 가서 다시 돌아오지 않는 '역수易水의 결의'를 다지고 일격에 수치를 씻고 몸은 오히려 죽게 되었다. …침묵 속에 잠겨 있는 우리가 애달파 상심으로 이가 갈린다. 아아! 열사여![6]

'역수의 결의'란, 진시황 암살에 나섰다가 불귀의 객이 된 형가의 다짐을 의미한다. 차이위안페이는 안중근 의사를 비운의 협객 형가에 비유했다. 혈혈단신으로 거사에 성공한 안중근 의사를 그가 얼마나 흠모했는지 위의 글을 통해 미루어 짐작할 뿐이다.

공자 타도의 선봉에 선 '근대의 공자'

차이위안페이의 생애 가운데, 지적 갈증을 해소하고자 독일과 프랑스에서 분투했던 6년의 세월이 아마도 가장 행복했을 것이다. 독일과 프랑스에서 체득한 경험이 사고의 폭과 안목을 넓혀주었다. 기본적으로 그의 사상의 뿌리는 중용, 인과 도덕, 자유·평등·박애의 이념에 두고 있다.

교육부장관에 오르자 일련의 개혁조치들을 단행했다. 충군존공忠君

尊孔(군주에 충성하고 공자를 높임)의 낡은 질서와 이념에 메스를 가했다. 〈보통교육 잠정시행 방법〉, 〈보통교육 잠정시행 교과과정 표준안〉 등 30여 종의 법령과 규정을 연이어 반포하여 청조의 구 법령을 대체했다. 다음은 주요 조치 가운데 일부이다.

- 학당을 학교로 개칭하고, 학교 책임자는 모두 교장으로 호칭한다.
- 남녀분교의 금령을 타파하고, 초등학교에서부터 남녀공학을 실시한다.
- 초등교육 과정에서 경서 강독을 폐지하고, 각급 학교에서 공자제례의 식을 없앤다.
- 청조 학부에서 사용한 각종 교과서와 대학에서 활용했던 《대청회전》, 《대청율례》 등을 폐기한다.[7]

1912년 7월 10일, 교육부 주관으로 열린 임시회의에서 〈교육종지안〉, 〈소학교령안〉, 〈중학교령안〉, 〈대학교령안〉, 〈실업학교령안〉, 〈교과서 심의 · 선정 처리안〉 등이 공포됐다. 이 회의에서 제정된 교육제도 가운데 하나가 바로 역사상 유명한 '임자 · 계축학제壬子癸丑學制'로 불린 6 · 3 · 3 학제이다. 차이위안페이가 교육부장관직을 맡은 기간은 겨우 6개월 보름에 불과했지만, 그는 이 기간 내에 공전의 교육개혁을 단행함으로써 중국 근대교육 역사상 불멸의 공적을 남겼다.

중화민국 대학원장의 자격으로 차이위안페이는 꿈틀거리는 '공자 우상화'에 다시 한 번 쐐기를 박았다. 1928년 그의 주도 하에, 대학원령을 발동하여 해마다 실시된 공자제례를 폐지했고, 초등학교에서 백화문(구어) 사용을 의무화했다.

도덕 재무장 운동의 전초 기지, 북경대학 진덕회進德會

진덕회는 신해혁명 직후인 1912년 2월, 상해에서 차이위안페이, 우즈 휘, 리쓰쩡, 장징장張靜江, 왕징웨이江精衛 등이 발기한 데서 비롯되었다. 국가의 기초를 세우기 위해 먼저 개인의 도덕성 함양을 목표로 조직된 것이 진덕회였다.

북경대학 총장으로 취임한 다음 해인 1918년, 차이위안페이는 전 교 직원을 대상으로 진덕회를 조직했다. 대학 차원의 도덕재무장 운동이었 다. 진덕회는 갑·을·병 세 종류의 회원으로 구분했다. 참고로 각 회원 들이 지켜야 할 진덕회 규정을 소개하면 다음과 같다.

- 갑종 회원은 기방 출입 금지, 도박하지 않기, 축첩 금지의 세 가지 의 무를 지켜야 한다.
- 을종 회원은 위의 세 가지 신조 외에 관리 되지 않기, 의원 되지 않기 를 준수해야 한다.
- 병종 회원은 위의 다섯 가지 신조 외에 음주·육식·흡연 금지 의무를 지켜야 했다.[8]

리따자오, 천두슈, 후스는 갑종 회원에, 차이위안페이는 을종 회원에, 한 때 승려처럼 금욕생활을 했던 량수밍은 병종 회원에 속했다. 차이위 안페이는 울분이 치솟을 때마다 가끔씩 통음痛飮을 했던 것으로 봐서,

음주와 육식의 유혹에서는 자유롭지 못했던 것 같다.

을종 회원의 준수 규정에 특이하게도 '관리되지 않기', '의원되지 않기' 등이 포함됐다. 그는 부패한 관리와 명예가 실추된 의원들을 수없이 목격했기 때문에, 교수들이 관리나 의원으로 진출하지 않기를 바랐다. 오늘날의 현실을 예견하듯, 교수들이 '관피아'의 졸개나 '상가의 개'처럼 정가를 기웃거리는 폴리페서Polifessor가 될까 우려한 것이다. 진덕회의 엄격한 규정은 오늘날에도 의미하는 바가 크다.

이보다 앞서 1912년 민국 원년에 차이위안페이, 탕사오이唐紹儀 등 28인이 발기하여 '사회개량회' 선언을 했다. 37개 조항에 달하는 '사회 개량회 장정' 가운데는 진덕회의 의무 조항과 겹치는 부분이 많다. 본 장정 가운데 특이한 것으로, 의형제 맺기 금지, '대인大人!, 라오예老爺!'와 같은 호칭 없애기, 무덤가에 초막 짓고 모시는 형식주의를 배격할 것 등이 인상적이다.

인재를 갈구한 선각자

'사상의 자유', '광납중가·겸용병포廣納衆家·兼容幷包(모든 학설과 사상을 포용)'를 표방한 차이위안페이는 누구보다도 널리 인재를 구했다. 인재를 기르고, 발굴하며, 발탁하는 것을 평생의 업으로 삼았다. 북경대학 총장 시절, 사상과 정파, 학위의 유무, 나이를 초월하여 현자와 유능한 인재를 불러 모았다. 1917~1918년 무렵에 기라성 같은 인재들이 대학으로 몰려들었다. 그가 초빙한 천두슈, 후스, 루쉰 등은 백화문(문어체가 아닌 구어체 문장) 사용을 주창했으며, 후에 5·4 신문화 운동의 주역이 되었다.

군주제 복귀를 주장하는 구체제 신봉자 구훙밍도 주위의 반대를 무릅
쓰고 포용했다. 신식 복장과 단발이 유행하던 시절, 회색의 변발에 썩은
치아만 몇 개 남아 괴이한 몰골을 한 구훙밍은 영국문학에 정통했다. 어
학에도 천재적 감각을 지녀 영어, 독일어, 프랑스어, 라틴어에 능통했다.
그는 영문으로《중국인의 정신》을 저술하여 세계인의 주목을 받음과 동
시에 중국인의 애국심을 불러 일으켰다.

미술에 천재성을 보인 청년 쉬베이훙徐悲鴻도 북경대학 화법연구회
지도교수로 초빙했다. 일 년 뒤 차이위안페이의 적극적인 관심과 후원으
로 쉬베이훙은 프랑스 유학길에 올랐다. 훗날 북경 예술학원 원장, 중앙
미술학원 원장을 역임했으며, 중국 미술계의 거목이 되었다.

1918년, 영국에서 철학·윤리학 등을 연구한 양창지楊昌濟는《신청
년》,《동방잡지》등에 서양철학·윤리학·교육학 등을 소개했으며, 여타
신문화 운동의 기수들과 마찬가지로 민주 과학을 적극 제창했다.

양창지도 차이위안페이의 부름을 받아 고향 호남성을 떠나 북경대학
으로 자리를 옮겼다. 이 무렵 그의 제자이자, 후에 사위가 됐던 마오쩌둥
도 북경대학 도서관에서 사서로 일했다. 공산당의 초기 주요 지도자 가
운데 한 사람이었던 리따자오도 북경대학 도서관장 겸 역사학과 주임으
로 부임했다. 당시 26세의 마오쩌둥은 이 대학의 마르크스연구회 등에
적극 관심을 기울였다. 조직·세력 확대의 귀재, 리따자오는 국공합작이
이뤄지자 국민당에 가입했으며 군벌반대 투쟁에 나섰다. 1927년, 애석
하게도 군벌 장작림張作霖의 특무에 체포되어 39세로 요절했다.

저명한 경제학자 겸 인구학자 마인추馬寅初도 북경대학 강단에 섰다. 그는 후에 북경대학 총장과 절강대학 총장을 역임했으며, 후에 인구학 발전에 혁혁한 업적을 남겼다. 그는 인구학 분야 최고 권위자의 영예를 누렸다.

리쓰광李思光(원명 리중쿠이李仲揆)은 영국 버밍엄 대학에서 지질 분야를 전공했다. 그 역시 북경대학 지질학 교수로 발탁되었다. 그는 후에 중국 근대지질학의 개척자로 추앙받았다. 당시 200여 명의 교직원 평균 연령은 30세에 불과했다. 예를 들면 쉬베이훙은 24세, 량수밍은 26세, 후스는 28세, 리따자오는 30세였다.

인재를 모으기 위해 절치부심했던 차이위안페이의 노력 중 인상적인 일화 한 토막을 살펴보자.

만 24세의 청년학자 량수밍梁漱溟(1893~1988)은 불교 및 인도철학에 조예가 있었다. 차이위안페이는 우연히 1916년《동방잡지東方杂志》에 실린 그의 논문, 〈구원결의론究元决疑論〉을 읽고 그에게 깊은 관심을 보였다. 이 논문은 불교의 가르침에 입각하여 인생의 고통과 해결을 모색하는 데 초점이 모아졌다. 차이위안페이는 그를 강단에 세우고자 했다.

나이도 어리고 강의 능력이 부족하다는 이유로 고사하는 24살의 량수밍을 차이위안페이가 직접 설득에 나섰다. 그 무렵 북경 대학 학생 중에는 량수밍보다 나이가 많은 학생들이 부지기수였다.

차이위안페이는 그에게 연구에만 전념하도록 배려했다. 요즘으로 치면 파격적인 대우를 받는 '연구교수'였던 셈이다. 삼고초려의 전통은 한낱 소설에나 등장하는 얘기가 아니었다.[9]

량수밍은 1921년에 〈동서 문화와 그 철학東西文化及其哲学〉을 발표하여 파문을 일으켰다. 유교를 포함한 중국의 전통문화가 서구문화보다 우월하다는 논지를 편 것으로, 당시의 신사조에 역행하는 논문이었다. 량수밍은 북경대학에서 7년을 몸담았으며, 이 기간에 학자로서의 자질과 기초를 다졌다. 량수밍은 96세로 서거하기까지 '신유학자', '문화보수주의자'로서의 위상을 굳건히 했다.

차이위안페이가 1928년 중앙연구원장에 갓 취임했을 때도 '과학 입국'을 제창하며 해외 유학파들을 끌어 모았다. 처우나 연구 환경 등이 열악함에도 불구하고 해외에서 공부한 과학 두뇌들이 속속 몰려들었다. 하버드대 기상학 박사출신 주커전쓰可槇은 중국 근대 기상분야에 선구적 업적을 남겼다. 그는 과학적 기법으로 중국의 강수량과 태풍 문제를 최초로 연구한 학자였다.

하버드대 인류학 박사 출신, 리지李濟는 중국의 고고학 발전에 지대한 공헌을 했다. 차이위안페이는 34세의 리지를 중앙연구원 역사·언어연구소 주임으로 발탁했다. 후에 리지의 주도로 은허를 발굴·고증하여 세계 고고학계의 주목을 받았다. 이리하여 '선생이 북상하면 인재가 북으로 좇아오고, 선생이 남하하면 인재가 남으로 몰려온다'는 얘기가 파다하게 퍼졌다.[10]

이처럼 차이위안페이는 농부의 심정으로, 인재를 심고 길러 꽃피게 했다. 광맥을 찾는 광부처럼 인재를 발굴하고 발탁했다. 그가 펼친 무대에서 혁명 인재, 교육 인재, 과학 영재, 문예계의 천재들이 마음껏 꿈을 펼쳤다.

마오쩌둥은 장인과 자신을 품어준 차이위안페이를 '학계태두, 만세귀감' 여덟 글자로 기렸다. 유비, 당태종, 차이위안페이 그리고 덩샤오핑으로 이어지며, 인재를 받드는 사회 풍토와 지도자의 혜안이 오늘의 인재강국, 경제대국을 탄생시켰다.

현자가 숨고 협량狹量이 활개 치는 사회의 미래는 불을 보듯 뻔하다. 맹종을 충성으로 여기는 윗사람의 주위에는 충견忠犬들만 모인다. 간악한 자, 교활한 자, 탐욕스런 자, 편파적인 자를 중용하면 사회는 급속히 부패한다. 이러한 사회는 재선충材線蟲이 갉아 먹어 황량한 소나무 숲 같다.

인재가 매장되고 사장되는 '병든 숲'에 발을 딛고 사는 사람으로서, 인재를 동서남북으로 몰고 다닌 차이위안페이 선생이 암 기린의 뿔麟角처럼 희귀한 존재로 다가온다.

20

리종우李宗吾,
두꺼운 낯가죽과 시커먼 뱃속을 말하다

어느 날 난징대학 인근에 위치한 도서 할인매장을 배회하던 중, 우연히 낯익은 책 하나를 발견했다. 바로《후흑학厚黑學》이다.[1] 십여 년 전 한국에서 이 책의 번역본을 구입하여 재미있게 읽은 적이 있다. 책보다는 노래방과 고스톱을 즐기던 친구에게 이 책을 빌려줬는데 툭하면 이 책을 들먹인다. '후'란 '낯가죽'이 두껍고, '흑'이란 뱃속이 시커먼 것을 가리킨다. 그때 우리는 틈만 나면 이 책을 화제로 삼아 얼굴 두껍고, 흑심黑心 가득한 상사를 비웃던 기억이 난다.

《후흑학》은 리종우(1879~1943)가 1911년에 지은 글이다. 그는 이 한 작품으로 인해 일약 세인의 주목을 받았다. 리종우는 사천성 부순富順 사람이다. 원래 이름은 세전世銓이었다. 어릴 적에 공자를 받들었으나 철

들면서 낡은 유교 이념에 회의를 품게 된다. 25세 무렵, 공맹의 도를 받드는 것보다는 '자신을 받드는 것宗吾'이 낫다고 여겨 '종오'로 개명했다. 이후 유교사상과 인의도덕의 탈을 쓴 지식인·관료들의 행태를 '후흑'의 관점에서 풍자했다. 리종우는 쑨원이 세운 반청 혁명조직인 동맹회同盟會의 일원으로 활동했다. 오랜 기간 교직에 있었으며, 강직하고 청렴한 인물로 청빈한 삶을 살았다고 전해진다.

그는 이른 바 후흑학의 창시자요, 후흑학 교주를 자처했다. 《후흑학》은 20쪽이 채 안 되는 짧은 분량의 글이다. 이 작품은 서론, 〈후흑학론〉, 〈후흑경厚黑經〉, 〈후흑전습록厚黑傳習錄〉, 결론으로 구성되어 있다.

리종우는 인간의 두꺼운厚 낯가죽과 시커먼黑 뱃속에 대해 깊이 통찰했다. 그 결과 '후'와 '흑'을 겸비한 자만이 진정한 승자가 될 수 있다는 역설을 폈다. 동서고금의 왕후재상, 영웅호걸, 성인군자들은 모두 후흑학을 연마해 성공한 사람들이라 했다. 그의 후흑론은 해학과 풍자, 독설로 가득하다. 그러면서도 성악설, 성선설이 편견이듯이, 성악설에 근거한 자신의 후흑론도 일종의 편견이라고 고백한다.

그렇다면 그는 왜 후흑론을 책으로 쓰고자 했을까? 낯 두껍고 뱃속이 시커먼 자들을 상대하려면 먼저 그들의 술수를 간파해야 한다. 그들에게 당하지 않으려면, 모두가 '후흑'을 연마하고 '후흑'의 비결을 배워, '후흑'에 능통하는 수밖에 없다며 그는 이렇게 말한다.

> 후흑학은 폭이 넓고 깊이가 있으므로, 이 도에 뜻을 둔 자는 1년 동안 전력을 기울여야 겨우 응용할 수 있다. 3년을 배워야 비로소 대성할 수 있다.[2]

그는 항우, 유방, 한신, 범증, 조조, 유비 등 잘 알려진 인물들을 본보기 삼아 후흑론을 전개했다. 가장 먼저 조조를 예로 들었다. 조조는 자신을 대접하려고 돼지를 잡기 위해 칼을 가는 여백사呂伯奢의 가솔들을, 자신을 죽이려는 것으로 오해하여 살해했다. 그리고 조조를 위해 술을 사 가지고 돌아오던 여백사마저 죽여버렸다. 이때 동행하던 진궁陳宮이 너무 지나치다고 힐난하자, 조조는 유명한 말을 남긴다. "내가 남을 배신할지언정 남에게 배신당하고 싶지 않다."[3]

조조의 속마음은 시커멓기가 이루 말할 수 없을 정도였고, 뻔뻔스러움과 음흉함이 뛰어나 일세의 영웅이 되었다고 '찬양'한다. 다음으로 '후흑계'의 쌍두마차, 유비를 예로 들었다.

> 여포를 의지하기 무섭게 조조에게 붙고, 다시 원소의 품에 안긴다. 그러다 또 뛰쳐나와서 유표 밑으로 간다. 끝내는 숙적인 손권과 결탁하는 등 이익이 되는 일이라면 조금도 부끄러워할 줄 모른다. …이리저리 쫓겨 다니고 남의 처마 밑에 얹혀 살면서도 수치심이 없었고 울기도 잘했다. …그는 해결할 수 없는 일에 봉착하면, 사람들을 붙잡고 한바탕 대성통곡을 하여 즉시 패배를 성공으로 뒤바꿔 놓았다.[4]

낮 두껍기로는 천하에 유비를 따를만한 인물이 없다고 했다. 그는 유방, 조조, 유비 등을 하늘이 내린 '후흑가'라며 예찬한다. 이어 희화화의 대상으로 한신을 지목한다. 한신은 왜 실패했는가? 후흑 교주 리종우의 말에 귀를 기울여보자.

한신은 낯가죽은 두꺼웠지만 속은 그렇지 못했다. 불량배들의 가랑이 밑을 기어나가는 모욕(과하지욕跨下之辱)도 참아냈다. 낯이 두껍기로 치자면 유방에게 결코 뒤지지 않는다. 그러나 속마음이 검지 못했다. 어려운 시절, 자신을 받아 준 유방의 각별한 은혜가 몹시 마음에 걸렸기 때문이다. 결국 머뭇거리다 장락궁에서 참수당하고 멸족의 화를 입었다.[5]

천하를 삼분하여 독자적으로 할거割據하라는 괴통의 충고를 흘려버린 순진한 한신의 자멸을 못내 애석해 한다. 한편, 범증의 최후는 어떠했는가.

범증은 속마음이 검기가 유방을 뺨칠 정도였다. 그렇지만 낯가죽이 두껍지 못해 화를 참지 못했다. 유방이 진평의 계책을 이용하여 항우와 범증을 이간했다. 이에 항우로부터 의심을 받은 범증은 벌컥 화를 내며 물러났다. 그리고 고향 팽성으로 돌아가던 중에 분에 못 이겨 뻗친 등창으로 죽었다.[6]

뱃속이 시커멓지 못한 '바보' 한신과 얼굴 가죽이 얇아 표정관리에 실패한 '버럭' 범증은 '후'와 '흑'을 겸비하지 못해 망한 인물로 규정했다. 리종우의 후흑론에 따르면, '후'와 '흑' 어느 한 가지만 출중해서는 결코 성공할 수 없다는 것이다. 항우에게는 더욱 거품을 물었다. 리종우는 '후'와 '흑' 모두가 결여된 항우를 꾸짖는다.

항우가 실패한 원인은 한신이 말한 대로 '아녀자의 인仁과 소인배의 혈기'라는 두 마디 말에 함축되어 있다. 아녀자의 인이란, 불인不仁을 참지 못하는 것을 말하며, 그 화근은 바로 속마음이 시커멓지 못하다는 데에 있다. 소인배의 혈기 또한 화를 참지 못하는 것을 가리키며, 그 화근은 바로 낯가죽이 두껍지 못한 데에 있다.[7]

궁한 처지에서 체면, 염치를 따지는 항우의 태도를 매우 어리석은 것이라 꼬집었다. 한편, 후흑은 저절로 이루어지는 것이 아니며, 단계적으로 연마해야 경지에 오를 수 있다고 했다. 후흑학을 수련하는 과정을 모두 3단계로 나누어 설명한다.[8]

1단계는, 낯가죽이 성벽처럼 두껍고, 속마음이 숯덩이처럼 시커먼 단계이다. 이 단계는 아직 초보적인 단계이다. 겉과 속이 다 드러나 상대방에게 본심을 읽히는 단계이므로 많은 훈련이 필요하다.

2단계는, 낯가죽이 두꺼우면서도 단단하고, 속마음이 검으면서도 밝은 단계이다. 그러나 이 단계에 도달해도 자취를 드러내는 구체적인 형체와 색채가 있기 때문에, 조금만 관심을 기울이면 그 속을 들여다 볼 수 있다. 범인들은 아무것도 모른 채 참새처럼 가볍게 말한다. "그 사람 참 무골호인無骨好人(아주 순하고 착해서 모든 이에게 잘하는 사람)이야! 법 없이도 살 수 있어." 이런 부류의 사람이야말로 밝고 부드러운 표정을 지으나 뱃속은 시커먼 '후흑의 달인'인지도 모른다.

3단계는, 낯가죽이 두껍지만 형체가 없고, 속마음은 시커멓지만 색채가 없는 단계이다. 무형무색의 경지다. 이 단계에 이르면 귀신은 물론 하늘마저도 속일 수 있다.

이제 〈후흑경〉에 대해 간략히 설명해보자. 리종우는 《논어》, 《맹자》, 《중용》, 《대학》 등 사서의 명구들을 비틀고, 풍자한 자신의 글을 '후흑경'이라 명명했다. 몇 가지 재미있는 대목을 살펴보자.

> …군자는 낯가죽이 두껍지 못하거나 속마음이 검지 못한 것을 경계해야
> 한다. 낯가죽이 얇은 것보다 위험한 것은 없으며, 속마음이 하얀 것보다
> 위태로운 것은 없다. 그러므로 군자는 반드시 낯가죽이 두껍고 마음이
> 검어야 한다. …'후'라는 것은 천하의 근본이며, '흑'이라는 것은 천하의
> 달도이다. …낯가죽이 두껍고 속마음이 시커먼 자는 천하도 그를 두려
> 워하고, 귀신도 그를 무서워하는 법이다.[9]

이번에는 《논어》 〈술이편〉에 나오는 '삼인행, 필유아사三人行, 必有我師'를 비비 꼬았다.

> 세 사람이 길을 떠나면 그 중에 반드시 스승 될 만한 사람이 있다. 그러
> 므로 낯가죽이 두껍고 속마음이 시기민 자를 택하여 스승으로 삼고 받
> 들어야 한다.[10]

〈후흑전습록〉에서는 관직을 구하는 6계명과 공직자 복무 지침을 소개했다. 먼저, 관직 구하는 요령으로 공空, 공貢, 충沖, 봉捧, 공恐, 송送의 6가지를 들었다. 각 항목을 이해하기 쉽게 풀이하면 아래와 같다.[11]

- 아무 일도 하지 말고, 인내심을 가지고 오직 관직을 구하는 데만 전념하라.
- 권세에 빌붙고, 틈만 있으면 비집고 들어가라.
- 말재주, 글재주를 적절히 구사하여 허풍을 떨어라.
- 세력가에 영합하여 '용비어천가'를 불러라.
- 이용하려는 자의 약점과 급소를 찾아, 공감 협박과 아첨을 병행하라.
- 돈 다발을 보내라. 아니면 그럴싸한 곳에서 접대를 하라.

아울러 공직자가 준수해야 할 지침[12]으로, 무사안일한 일처리, 아첨하고 비위 맞추기, 목에 힘주고 군림하기, 인의도덕의 탈을 쓰기, 돈 긁어모으고 뇌물 바치기 등을 제시했다. 세월호 침몰 사고 당시 '관료 마피아'들이 보인 행태와 별반 다를 게 없다.

어느 날 TV를 켜니, 오골계 농장이 화면에 비친다. 이 농장에서는 두 종류의 오골계를 기른다. 한 종류는 겉과 속이 모두 까만 보통 오골계다. 한 부류는 겉모습은 흰데, 털을 벗겨보면 속살이 검다. 얼핏 보면 오골계인지 그냥 흰 닭인지 구별하기 어렵다. 농장 주인의 말에 의하면, 이 '흰 오골계'야말로 이름값을 톡톡히 하는 진귀한 오골계라는 것이다. 갑자기 흰 오골계를 사람에 대비하고 보니 섬뜩한 생각이 든다. 속이 시커멓고 음흉한 자들도 대개 온화한 미소를 띠며, 겉모습은 흰 오골계처럼 하얗기 때문이다.

기억하기 싫은 '인간'이 생각난다. 별명이 '크렘린'이다. 이 사람은 얼굴과 귀까지도 부처님의 자애로운 모습을 닮았다. 거기에다 아랫배는 농구공 하나가 들어 있는 것처럼 불룩하여 친근감마저 느끼게 한다. 이 자는 적은 말수, 사교적인 매너, 부드러운 얼굴로 대하므로 도무지 그 속내를 알 수 없다. 그는 훗날 '작은 웅덩이'만한 조직의 정점에 올랐다. 대기업으로 치면 이사 직급까지는 올라 간 것이다.

이 사람이 35년 공직 생활 동안 한 일이라고는, 사무실에서 신문 보기, 샤프펜슬로 머리 긁기, 아랫사람 쥐어짜기, 결재 미루기 외에 별로 생각나는 것이 없다. 오후 네 시쯤 구내 목욕탕에 가서 몸을 푼다. 퇴근 무렵이면 게슴츠레했던 눈동자가 맑아지고 얼굴에 화색이 돈다. 추종자 몇 명과 단골 오리고기 집으로 향한다. 이내 군용 모포가 들어오고 거기서 고스톱 판을 벌린다. 밤 12시가 넘어서야 집으로 향한다.

치밀하고 엄격한 그의 상사가 태만한 이 뚱보 부하 직원을 '싹이 노랗다'고 나무란다. 그러나 그 상사의 예측은 완전히 빗나갔다. 그 상사는 오래 전에 은퇴했고 이 무능한 인간은 고속 승진을 거듭했다. 전형적인 '후흑형' 인간이다. 이런 자에게 정도를 걸으며 업무로 승부를 보려는 '선비형' 부하직원은 미운털이 박히기 십상이다.

화가 나면 물불을 가리지 않는 '오박사'라는 인물이 생각난다. 그는 태권도 고단자이다. 그가 축구를 하면 태권도 식으로 공을 차기 때문에 공은 담장 너머로 날아가 보이지 않는다. 그는 종종 이런 말을 푸념처럼 내뱉는다. "이 바닥에서 실력으로 승진하려는 놈이 가장 어리석다." 세파에 찌들고, '유배지'를 전전하면서 터득한 값진 지혜일 것이다. 그가 문득 그리워진다.

21

장제스蔣介石 군대는
어떻게 붕괴했나?

어린 시절 중국집에서 자장면 먹던 기억이 난다. 그때마다 벽에 걸린 온화한 얼굴에, 잘 다듬은 흰 수염, 눈이 부시도록 광채가 나는 대머리 사진이 유독 눈에 띄었다. 그가 바로 자유중국 총통을 지냈던 장제스(1887~1975)다. 항일抗日이라는 공동의 목표 달성을 위해, 장제스는 한인 독립운동가들에게 적지 않은 지원과 활동 공간을 제공했다.

1933년 5월, 백범 김구(1876~1949) 선생과 난징 국민정부의 영수인 장제스와의 만남이 이뤄졌다. 이 만남은 한때 중국 국민당 당원이었던 독립운동가 박찬익이 주선했다. 주변에 참석한 자들을 물리치고 단 둘만의 필담筆談이 오고 갔다. 백범은 일본의 대륙 침략을 저지하기 위해 필요한 100만 원의 군자금을 요청했다. 아울러 일본·조선·만주 세 방면으로 폭동을 일으키고, 천황과 요인 등을 암살할 뜻을 비쳤다.

그러나 장제스는 의견을 달리했다. 그는 독립군 양성이 보다 시급함을 강조했고, 합의 결과 이듬 해 2월, 낙양군관학교 한인특설반이 설치됐다. 92명의 한인들이 이곳에서 훈련을 받았으며, 이청천, 이범석 등은 교관 및 교직원으로 학교에서 근무했다.[1]

반공의 깃발 아래, 장제스의 자유중국과 박정희(1917~1979)의 한국, 두 권위주의 정부는 오래도록 혈맹 관계를 유지했다. 국민교육헌장을 매일 낭독해야 했던 시절의 세뇌교육은 참으로 무섭다. 그때 우리에게 장제스는 '선'이요, 마오쩌둥은 '악' 그 자체였다.

그러나 한중 수교와 더불어 중국의 관변 이론가들에 의해 마오쩌둥은 신화적 인물로 부각됐고, 장제스는 독재, 부패, 무능의 화신으로 전락했다. 사람들의 뇌리에, 그는 배에 금은보화를 가득 싣고 타이완으로 패주한 비겁한 인물로 각인됐다. 패자는 모든 것을 잃는 법이다. 다행히 지금은 그를 재평가하려는 노력이 자리를 잡아가고 있다. 잠시 장제스의 삶을 살펴보자.

장제스는 저장성 평화현奉化縣 출신이다. 어릴 적 이름은 루이위안瑞元이었으며 후에 중정中正으로 바꾸었다. 우리에게 익숙한 '제스'는 그의 자다. 9세에 부친을 잃고 편모슬하에서 자랐으며, 성격이 불같았다고 한다. 어머니는 그를 엄하게 교육했다. 청년기에 접어들기까지 《논어》,《맹자》,《대학》,《중용》,《예기》,《효경》,《시경》,《제자백가》,《손자병법》 등 고전을 두루 학습했다. 특히 《손자병법》에 심취했다. 15세에 마오푸메이毛福梅와 결혼하여 장징궈蔣經國를 낳았다. 장징궈는 후에 대만 총통이 됐다.

1907년, 허베이성 바오딩保定시에 위치한 육군군관학교에서 1년을 수학한 후, 이듬해 유학생으로 선발되어 일본으로 건너갔다. 1908년 초 동경의 진무振武학교에 입학하여, 1910년 말에 졸업한 후 야전 포병부대에 배치되어 1년 정도 '일본군 장교'로서의 기초를 닦았다.

1911년 10월 10일 무창봉기가 시작되자, 혁명조직인 중국동맹회의 일원이었던 장제스는 상하이로 돌아와 100여 명의 병력을 이끌고 항저우杭州를 장악했다. 뒤 이어 후저우湖州, 원저우溫州, 닝보寧波를 함락시켜 저장성 독립에 크게 기여했다.

1922년 광둥 군벌인 천중밍陳炯明(1878~1933)의 반란과 진압 과정에서 고락을 함께한 장제스를 쑨원은 매우 신임했다. 쑨원의 각별한 배려로 대본영 참모장, 황포군관학교 초대 교장을 지냈다. 1~4기에 이르는 5500여 명의 황포군관학교 졸업생들은 장제스 정권을 떠받치는 중심축 역할을 했다.

1926년 7월 1일 국민혁명군 총사령관 장제스의 영도 아래 북벌北伐이 개시되었다. 4개 집단군, 총병력 70만 명이 '북벌군'의 이름으로 장도에 올랐다. 우페이푸吳佩孚(1874~1939), 쑨촨팡孙传芳(1885~1935) 등 주요 군벌들이 거꾸러졌다. 마침내 2년 뒤인 1928년 6월에, 옌시산阎锡山(1883~1960)의 제 3집단군이 베이징에 입성했다. 같은 해 12월에 동북 군벌, 장쉐량张学良(1901~2001)이 귀순함으로써, 위안스카이 사후 12년에 걸친 군벌 시대도 종언을 고했다. 쑨원의 유지를 받든 북벌이 마침내 완성된 것이다.

이로부터 20년 남짓 중국 대륙에서 '장제스의 천하'가 열리게 됐다. 그러나 1946년에 시작된 국공내전에서 장제스는 참담한 패배를 맛보았다. 1949년에 대만으로 근거지를 옮겨 계엄령을 발동하며 아들에 이르기까지 대를 이어 장기 집권했다. 1975년, 89세를 일기로 사망했다. 죽은 뒤에 정권의 향배에 따라 때로는 추앙받는 인물로, 때로는 추물로 부침을 거듭했다.

장제스 정권과 군대는 왜 몰락했을까? 로이드 E. 이스트만Lloyd E. Eastman의 《장개석은 왜 패했는가》라는 책을 통해 그 실마리를 찾아볼 수 있다.[2] 장제스의 증언을 토대로, 정권의 붕괴 요인을 다음 몇 가지로 정리했다.[3]

- 군사독재 지향, 당·정·군의 무능과 부패가 더해져 국민의 지지 획득에 실패했다.
- 소련의 만주 진공으로, 곡물과 자원의 보고인 이 일대에서 공산군이 주도권을 장악했다.
- 서부 오지로 후퇴하여 고립을 자초했고, 세수 격감 등 극심한 경제적 어려움을 겪었다.
- 살인적인 물가 앙등으로 경제가 파탄에 이르렀다.
- 장기간에 걸친 항일전쟁으로 군사력의 약화를 초래했다.

장제스는 환경 탓, 상황 탓, 부하 탓을 늘어놓았다. '어설픈 목수가 연장만 나무란다'고 했던가. 정작 영도자였던 장제스 자신의 리더십 결함에 대해 되새겨 보았는지 궁금하다. 300여 개 사단 규모에다 미군의 지원까지 받은 장제스 군대는 도대체 어떻게 무너졌는가.

항일전 수행 당시, 장제스의 국부군은 중앙군과 지방군으로 구성됐는데, 서로 불신하고 반목했다. 중앙군의 비율은 30만 명(20%) 정도로 추산된다. 중앙군은 황포군관 출신이 지휘하는 부대와 독일인 군사고문이 지도하는 총통 직속의 정예부대로 이뤄졌다. 이 부대의 병력은 8만여 명에 달하며, 자동화기와 박격포로 중무장했다. 장제스는 중앙군을 우대하고 지방군을 홀대함으로써 반감을 불러 일으켰다.[4]

황포군관학교 교육 과정은 6개월에 불과하여 황포군관 출신 지휘관이 이끄는 부대는 많은 취약점을 드러냈다. 게다가 장제스 자신도 황포 출신과 동향 인물을 감쌌다. 한 때 등을 돌렸다는 이유로, 육군에서 가장 유능한 장군으로 평가되는 광서계廣西系 바이충시白崇禧(1893~1966) 장군을 요직에서 배제했다.[5]

윈난雲南의 룽윈龍雲(1884~1962)이나 산시山西의 옌시산은 독자적으로 자신의 군대를 운용했고, 중앙군의 장악 하에 들어오려 하지 않았다. 이들은 장제스가 중앙군을 보호하기 위해 지방군을 희생시키려 한다고 믿었다. 애초부터 일사불란한 지휘체계를 기대하기 힘든 구조였다.[6]

국부군은 손실된 병력을 보충하는 데도 많은 어려움을 겪었다. 이른바 '유전 면제, 무전 징집'으로 민심이 이반됐다. 돈을 받고 대리로 입대하고 도망치는 직업적인 건달도 생겨났다. 비위생적이고 급식 여건이 열악한 징집소는 거지 합숙소와 다를 바 없었다. 징병처장, 징병수집소 총국장 등을 즉결처분해도 별반 달라지지 않았다. 징집된 병사는 대부분

행군 도중 죽거나 도망쳤다. 장제스의 증언을 들어보자.

푸젠성에서 구이저우성貴州省에 이르는 행군 도중에 1,000명 중 100명 미만의 신병이 살아남았다. 광둥에서 윈난까지의 500마일 행군에서 700명 중 17명이 살아남았다.[7]

매독·임질에 걸린 병사, 영양실조에 걸린 병사들로 인해 전투력이 현저하게 떨어졌다. 허기에 지친 병사들이 비적 떼처럼 민가에 몰려가 식량이나 물자를 약탈하여 인민의 기대를 저버렸다. 훗날 탕언보 장군은 항일전에서 노출된 취약 요인으로, 정보활동 빈약, 사기 저하, 부적당한 지휘, 명령 불복종, 협조 결여, 무기와 장비 분실 등을 지적했다.[8] 1945년 일본의 무조건 항복 선언으로 다행히도 오합지졸인 국부군은 더 큰 참화를 면할 수 있었다.

다음 해 국공내전이 개시될 무렵, 국민당 군대는 8년에 걸친 오랜 소모전으로 말미암아 빈사 상태에 이르렀다. 특히 지휘관의 무사안일, 부정부패, 병사들의 사기 저하로 전투력을 갉아 먹었다. 그러나 공산군은 이 시기에 급속히 세력을 확장했다. 이때부터 이미 장제스 군대에 파멸의 씨앗이 싹트기 시작했다. 소련의 만주 진공, 인민의 지지를 등에 업은 공산군은 파죽지세로 전역을 장악했다.

국부군은 전쟁 와중에도 파벌 싸움, 반목과 질시, 배반과 투항이 끊이지 않았다. 이와 더불어 공산군의 첩보 공작도 대성공을 거두었다. 주요 패인과 사례는 다음과 같다.[9]

파쟁과 반목

1948년의 유명한 회해전투에서 치우칭촨邱淸泉 장군은 공산군에게 포위된 황바이타오黃百韜 부대를 구출하라는 명령을 받았다. 그러나 치우칭촨 부대는 10일 동안 겨우 8마일을 나아갔을 뿐이다. 황 장군이 자살하고 부대가 공산군에게 투항했을 당시, 아직도 황바이타오 부대로부터 12마일이나 떨어져 있었다. 장제스의 총애를 받은 황 장군을, 치우칭촨은 몹시 시기했다고 전한다.

국부군의 배반 및 투항

1945년 10월 말, 허베이 성에서 까오수쉰高樹勛 장군의 부대가 투항한 것을 필두로 반기를 든 부대가 속출했다. 공산군 측은, 1946년 7월부터 1949년 1월까지 370만 명의 포로를 획득했다고 주장한다. 공산군은 선전전술의 일환으로 포로를 친절히 대했다. 유용한 자원은 전선에 재배치했으며, 허약한 자나 쓸모없는 자들은 통행증과 여비를 줘 돌려보냈다. 이러한 '포로대우 전술'로 인해 국부군의 투항이 더욱 용이해졌다.

공산군의 첩보 공작

1948년 산둥성 웨이현濰縣의 전투 때, 국부군 제96군 참모장은 공산군이 심어 놓은 첩자였다. 1948년 9월 지난濟南 전투 때 제2평정사령부의 책임자는 국부군의 작전계획 전부를 적에게 알려줬다. 류페이劉斐, 다이룽광戴戎光 장군의 예는 더욱 충격적이다.

국부군 총참모부 차장(군령부 차장)인 류페이 장군은 공산군의 첩자였다. 그는 주요 정보를 공산군에게 보고했다. 아울러 또 다른 공산군 첩자인 궈루구이郭汝瑰를 작전계획처장에 앉혔다. …1949년 봄, 류페이는 국민정부 평화협상대표단의 일원으로 공산당 협상단과 마주 앉았다. 공산당 측의 수석 협상대표는 상대방의 모든 고려나 책략을 다 알고 있는 기막힌 입장에 있게 된 것이다. …1949년에 마오쩌둥은 그를 공개적으로 '인민 공화국의 건립에 공헌한 훌륭한 시민'이라며 지하활동 공적을 치하했다.

…황포군관학교 출신이자 장제스의 심복이었던, 다이룽광의 배신은 더더욱 놀랍다. 그는 상하이와 난징의 중간에 있는 장인江陰의 요새에 배치된 부대의 지휘관이었다. 그는 총부리를 다른 국부군 수비대에 돌리도록 명령했다. 다이룽광이 배신한 덕에 공산군은 강을 건너 국민정부의 수도인 난징에 입성했다. 이리하여 국민정부의 지배는 끝장이 난 것이다.[10]

국부군의 경직된 지휘체계

공산군은 지휘관에게 광범위한 재량권을 부여했다. 그리하여 상황에 대처하는 임기응변 능력이 뛰어났다. 그러나 국부군의 지휘체계는 경직되어 돌발적인 순간에는 제 기능을 발휘하지 못했다.

이밖에 공산군은 전공戰功에 따라 신상필벌을 했다. 그러나 국부군은 출신성분과 재력, 정치적 배경을 우선 고려했고 전공은 그 다음 문제였다. 또한 간단한 문제 하나를 놓고도 회의를 일삼았다. 일화를 소개한다.

만주의 전투에서 공산군은 썰매나 말을 타고 이동했다. 그러나 국부군
은 수많은 회의 끝에야 겨우 이것들을 얻을 수 있었다.

흔히, 부패하고 무능한 군대를 '당나라 군대', 또는 '장개석 군대'로 표
현한다. 우리 군대에서 한 때 이런 얘기가 나돌았다. "장개석 군대는 회
의 때문에 망했다." 알맹이 없이 길게 이어지는 지루한 회의에 이골이 난
군 간부들이 투덜대며 뱉은 말이다.

혹시 우리 군대가 지금 이 시간에도, '장개석 군대'처럼 쓸데없는 회
의에 시간과 에너지를 소모하지나 않는지 우려된다. 지난 4월 하순, 우
연히 길을 가다가 소대장 시절, 옛 대대장을 만났다. 그는 4년의 생도
생활을 마쳤고, 월남전에도 참전하여 무공훈장을 받았다. 일흔의 나이
에도 여전히 젊은 시절의 패기가 넘친다. 시간 가는 줄 모르고, 서로가
다투듯 그 시절 군대 얘기를 끄집어냈다. 그는 베트남전 참전 얘기를
자랑스럽게 늘어놓았다. 그러다 우리 군대의 앞날이 염려스러운지 장
탄식을 한다.

"지금 군인들 중에 전투를 치러본 군인은 단 한 사람도 없어. 수십 년
동안 브리핑 잘하고, 보고서 잘 만드는 '착한 군인'이 출세하는 '행정 군
대'가 되고 말았어. 참 걱정이야!"

22

대륙을 뒤 흔든
찰리 쑹의 세 딸

1997년 〈송가황조宋家皇朝〉라는 영화가 홍콩에서 상영되어 주목을 끌었다. 이 영화 제목은 '송씨 세 자매Soong sisters'로도 불렸다. 세 자매란 쑹아이링宋藹齡(1889~1973), 쑹칭링宋庆齡(1893~1981), 쑹메이링宋美齡(1897~2003)을 말한다. 저명한 영화배우인 양즈츙杨紫琼, 장만위张曼玉, 우쥔메이邬君梅 등이 세 자매 역을 맡아 열연했다.

장녀 아이링은 대부호 쿵샹시孔祥熙(1880~1967)와 결혼하여 막대한 부를 거머쥐었다. 쑨원孫文(1866~1925)과 결혼한 칭링, 장제스蔣介石(1887~1975)와 결혼한 메이링, 두 자매는 퍼스트레이디가 되었다. 쿵씨, 쑨씨, 장씨와 결합한 이들 세 자매는 중국 대륙의 부와 권력, 명예 등 모든 것을 송두리째 움켜쥐었다. 이른바 '송씨 천하'의 주역들이다. 누가

이 세 여걸을 낳았을까?

'송씨 왕조'의 문을 연 찰리 쑹宋嘉樹(1861~1918)과 그의 아내 니꾸이 전倪桂珍(1869~1931)에 대해 살펴볼 필요가 있다. 이들의 삶을 다룬 여러 종의 책을 바탕으로 찰리 쑹의 피어린 인생역정을 더듬어보자.[1]

찰리 쑹은 하이난다오海南島 원창현文昌縣에서 빈농의 아들로 태어났다. 태어난 해는 1861년 혹은 1866년 등 이견이 많다. 여기에서는 엡스타인의 주장대로, 1861년을 기준으로 살펴본다. 원래 성은 한韓씨였고 어릴 적 이름은 쟈오준教准이었다. 그는 궁핍한 생활을 면하기 위해 아홉 살에 형과 함께 인도네시아 자바에 있는 숙부 집을 찾아갔다. 그곳에 거주하던 숙모의 동생, 송씨의 양자로 들어갔다. 양아버지의 성을 따라 송씨로 바꾸었다. 열세 살에 다시 그를 좇아 보스턴으로 이주했다. 양부는 이곳에서 차와 비단을 파는 가게를 운영했다. 양부모는 어린 그를 함부로 대하고 마구 부렸다.

양부모의 멸시가 날로 심해지자 몰래 그곳을 빠져나와 홀로서기에 나섰다. 고달픈 소년의 인생유전이 시작된 것이다. 처음에 해안 밀수 감시선 내에서 잡일水夫을 하여 생계를 꾸려나갔다. 이때부터 그는 '찰리'로 통했다. 다시 배에서 나와 인쇄공 일을 했다. 얼마 후 윌밍턴의 트리니티 칼리지에 입학하여 신학을 공부했다. 열심히 살아가는 자에게 죽으라는 법은 없는 모양이다. 민첩하고 명석했던 찰리 쑹은 백만장자인 줄리앙 카Julian Carr 내외의 눈에 쏙 들었다. 이들 부부는 찰리를 친자식처럼 대했다. 그가 상해로 돌아온 뒤에도 사업자금 지원은 물론 혁명자금까지도 대주었다고 한다.

그는 1882년에 테네시주 내슈빌의 반더빌트 대학으로 전학하여 1885년에 졸업했다. 미국에 계속 머물며 의학을 공부하려 했다. 그러나 그의 뜻과는 달리 감리교 교단에서 그를 상해로 파견했다. 민주주의 가치관, 미국 학위, 유창한 영어 실력, 열정이 그가 가진 자산의 전부였다. 특히 미국 학위는 빛을 발했다. 귀국 초기에 여러 사람과 더불어 YMCA를 창립하는 등 의욕적으로 선교활동을 했다. 교회학교에서 가르친 제자 중의 한 사람이 바로 중국의 사상가이자 교육가로 유명한 후스(1891~1962)다.[2]

그는 1887년, 지역의 명문 집안이자 감리교 목사 딸인 니꾸이전과 결혼했다. 니꾸이전은 영어도 약간 할 줄 알았고, 피아노를 잘 쳤다. 자녀 교육에는 '스파르타적'이었으며, 검소한 생활을 했다고 전해진다. 찰리 쑹은 박봉의 고된 선교사 생활을 그만두고 인쇄출판업, 밀가루 가공 분야에 뛰어들었다. 이 사업은 모두 성공하여 재산이 눈덩이처럼 불어났다.

슬하에 3남 3녀를 두었다. 아들과 딸을 차별하지 않고 동등하게 대했으며, 모두 미국으로 유학을 보냈다. 세 아들, 쑹즈원宋子文(1894~1971), 쑹즈량宋子良(1899~1983), 쑹즈안宋子安(1906~1969)의 면모는 화려하다. 장남 쑹즈원은 하버드대 경제학석사, 콜롬비아대 박사 출신이다. 즈원은 장제스의 국민당 정권 아래서 재정부장, 외교부장을 지냈다. 둘째 아들 즈량은 미국 유학에서 돌아온 후, 외교부 총무국장, 건설은행 총재 등을 역임했다. 셋째 아들 즈안도 하버드대를 졸업했고, 금융, 운수 분야에서 주목받는 인물이 됐다. 이들 부부처럼 자식 농사에 성공한 사람이 얼마나 있을까.

민주주의 가치관이 몸에 밴 찰리 쑹은 쑨원의 삼민주의, 공화제 건설에 경도됐다. 비슷한 연령대인 쑨원과 그는 같은 광동성 출신에다 지향하는 바가 같았다. 그는 쑨원을 위해 재산과 자신의 인생을 바쳤다. 그것도 모자라, 둘째 딸 칭링까지 바친 셈이었다. 아버지는 그의 '재정부장'으로서, 큰 딸과 둘째 딸은 비서로서 그를 섬겼다. 특히, 둘째 딸 칭링은 그의 반려자가 됐으며, 혁명의 동지이자 계승자로서 평생토록 그를 숭배했다. 쑨원은 참으로 행복한 사람이었던 것 같다.

찰리 쑹은 1918년 58세의 나이로 상하이에서 병사했다. 부인 니꾸이전은 1931년 산둥성 칭다오 별장에서 63세를 일기로 삶을 마감했다. 화제를 세 딸로 옮겨보자.

베일에 가린 여왕, 쑹아이링

세 자매 모두 상하이에서 출생했다. 큰 딸 아이링은 1904년 열다섯의 나이로 미국에 건너가 조지아주에 위치한 감리교단 산하의 웨슬리언Wesleyan 여자대학에서 공부했다. 아이링에게는 미국에 유학한 최초의 중국여성이라는 영광스런 수식이 붙었다.

1907년에 이모부 원빙중溫秉忠(초창기 미국 유학생 출신)을 따라 칭링, 메이링 두 동생이 그곳에 왔다. 맏언니로서 이들을 돌봐야 했다. 1910년에 졸업하여 두 동생을 남겨둔 채 귀국했다. 아이링을 포함하여 세 자매 모두 당차고 단호한 성격이었던 것으로 알려졌다. 다른 점이 있다면, 아이링과 메이링은 오만하고 야심이 가득했으나, 칭링은 겸손하고 강직한 성품을 지녔다고 한다.

아이링은 5개 국어에 능통했다고 전해진다. 귀국 후 부친의 주선으로 쑨원의 비서가 되어 전국을 수행했다. 영문 서류 작성 및 정리 등 제반 업무를 잘 감당했다. 결혼하기 전까지 3년가량 비서 일을 계속했다. 남녀 간에 오래 같이 머물다보면 감정이 싹트는 것은 자연스런 일이다. 이들 간에도 확인되지 않은 사랑 이야기가 떠돈다. 아이링은 1913년에 귀국한 칭링에게 비서 자리를 넘겨주고, 이듬해인 1914년에 산서山西 제일의 부자 쿵샹시와 결혼했다.

호사가들은 아이링을 두고 돈을 사랑한 여자라고 혹평하나 사실은 막후에서 실력을 발휘한 '여걸'이었다. "아이링은 천재적인 재정 솜씨와 내밀한 정보의 비양심적 이용을 통하여, 그녀 생전에는 중국에서 가장 돈이 많은 여인으로 통했다."[3]

아이링이 '돈만 밝히는 여자'라는 풍문은 그녀의 진면목을 잘 모르고 얘기하는 것 같다. 위에서 인용한 글 가운데, '내밀한 정보의 비양심적 이용'이라는 표현에 주목할 필요가 있다. 돈과 두뇌, 권력이 결합할 때 이보다 더 무서운 것이 있을까. 혹자는 아이링을, 장제스를 뺨치고도 남을 대찬 성격, 빠른 두뇌회전, 막대한 부를 발판으로 '송씨 천하'의 서막을 연 신묘한 인물로 평한다. 아이링을 '베일에 가린 여왕'으로 표현하는 것이 보다 적절할 것이다.

아이링은 장제스의 반공정책과 공산당 토벌작전을 지지했다. 장제스와 이념적으로 대립각을 세운 칭링과는 멀어질 수밖에 없었다. 아이링은 1947년 미국으로 건너갔으며, 85세에 뉴욕에서 병으로 죽었다.

남편 쿵샹시의 이력 또한 화려하다. 그는 예일대학에서 경제학 석사를 취득했다. 난징의 국민정부 하에서 행정원장 겸 재정부장을 지냈다. 장제스 정권의 재정을 좌지우지했다. 중국은행의 기본 체제와 골격을 구축하는 데 기여했다. 미국에서 부인과 만년을 보내다 87세로 타계했다.

쑨원 숭배자, 쑹칭링

쑹칭링이 어린 시절, 아버지 친구인 쑨원은 수시로 찰리 쑹의 집을 드나들었다. 엡스타인이 쓴 쑹칭링 평전에 의하면, 실제로 확인된 연대는 1894년과 1900년에 단 두 차례뿐이다. 이 때 쑹칭링의 나이는 두 살, 여덟 살이었다. 쑨원이 어린 칭링을 귀여워했을 것임은 미루어 짐작이 간다. 칭링이 열세 살 무렵, 쑨원의 면전에서 '군주제 전복, 공화제 건설'이라는 투쟁을 위해 결의를 다졌다는 전설 같은 얘기가 전한다. 칭링은 15세에 미국으로 유학을 떠난다. 일찍부터 쑨원은 어린 칭링의 우상으로 자리 잡았던 것 같다.

웨슬리언 여자대학에서 공부하고 있을 때인 1911년에 무창봉기武昌蜂起가 발발했다. 이른바 신해혁명이다. 1912년 1월 1일, 쑨원이 임시대총통 취임선서를 했다. 취임식장에 아버지 찰리 쑹, 언니 아이링을 비롯하여 송씨 집안 모두가 참석했다. 이 소식을 전해들은 칭링은 '20세기 최대의 사건'이라는 글을 써 이국땅에서의 남다른 감회와 격정을 달랬다.

1913년, 학업을 마치고 귀국길에 올랐다. 21살의 나이였다. 일본에 머물던 쑨원과 다시 만났다. 언니 아이링에 이어 쑨원의 비서가 됐다. 1915년 부모의 반대를 무릅쓰고 일본에서 비밀스럽게 결혼식을 올렸다. 쑨원은 이미 결혼을 한 몸이었으나 부인과 합의 이혼했다. 칭링의 나이

23세, 쑹원의 나이 50세였다. 영화 속의 한 장면이 인상적이다. 부모를 따돌리고 치른 비밀 결혼식이 끝나갈 무렵, 찰리 쑹이 가까스로 결혼식장에 나타난다. 그리고 쑹원에게 절규한다. "나는 자네에게 재산을 바쳤고, 인생을 바쳤다. 그런데 이제는 내 딸까지….."

왜 쑹칭링은 그토록 쑹원에게 집착했을까? 에드가 스노우Edgar Snow에게 '영웅을 숭배했던 것 같았'고 고백했던 것처럼, 그녀는 열렬한 '쑹원 숭배자'였다. 토마스 칼라일Thomas Carlyle의 《영웅숭배론》을 번역한 우석대 교수 박상익은 〈영웅들로 가득 찬 세계를 꿈꾼 칼라일〉에서 이렇게 지적했다. "영웅은 성실성과 통찰력을 구비한 사람이다. 그 영웅을 알아보려면 범인 역시 성실성과 통찰력을 구비한 사람이 아니면 안 된다. …양자는 결국 같은 종류의 사람들이다."[4] 칼라일의 말처럼, 일찍이 칭링에게도 영웅다운 기개와 품성이 내재하고 있었던 것은 아닐까.

1925년, 쑹원이 간암으로 사망했다. 10년간의 짧았던 결혼 생활도 끝났다. 아버지가 친구에게 모든 것을 바쳤듯이 대를 이어 딸도 그에게 삶의 전부를 바쳤다. 아이는 유산되었고, 아버지와 남편도 곁을 떠났다. 아이링과 메이링과도 멀어졌다.

외롭게 삼민주의를 지켜야 했다. 부러질지언정 굽히지 않는 성격 탓에, 반공정책을 편 제부 장제스와 사사건건 마찰을 일으켰다. 처형妻兄만 아니었다면 일찍 제거해버렸을 것이라고 공공연히 떠들 정도였다. 실제로 상하이 청방의 두목인 두위에성杜月笙(1888~1951)은 수하를 시켜 칭링을 암살하려 했으나 미수에 그쳤다.

칭링은 민권보장동맹, 보위중국동맹을 이끌며 조국을 위해 헌신했다.

공산당에 가입하지는 않았지만 그 노선을 지지했다. 1949년 중화인민공화국 선포식이 천안문 광장에서 열렸다. 칭링은 부주석으로서 주석단에 앉았다.

1981년 5월, 죽음을 보름가량 앞두고 중국 공산당에 가입했다. 임종 무렵, 중공 당국의 배려로 미국에 거주하는 메이링의 입국을 허락했으나, 두 자매의 상봉은 끝내 이루어지지 않았다. 칭링은 중화인민공화국 명예주석으로서 파란만장한 삶을 영광스럽게 마감했다.[5]

권력을 사랑한 여인, 퍼스트 레이디 쑹메이링

메이링은 열한 살의 나이에 조지아주로 건너가 언니들과 마찬가지로 웨슬리언 여자대학에서 1년을 공부했다. 칭링이 졸업하여 이 대학을 떠나자, 오빠 즈원이 머물던 매사추세츠 주로 옮겼다. 그리고 그곳에 있는 웰슬리Wellesley 대학으로 전학하여 학업을 이어갔다. 1916년, 버몬트 대학에서 교육학을 전공했고 학위를 받았다.

초등학교 나이에 미국에 건너가서 대학까지 10년간의 학업을 마치고 스물한 살이 되던 해인 1917년에 귀국했다. 귀국 후 메이링은 가정교사를 두고 중국어와 중국 고전문학 등을 배우고 익혔다.

유창한 영어 실력은 그녀의 든든한 자산이 됐다. 메이링은 이미 미국식 사고와 생활방식에 익숙했다. 그녀 스스로도 '얼굴만 빼고 뼛속까지 미국인이었다'고 고백할 정도였다. 그녀는 어릴 적부터 자유분방하고 사치스러운 모습을 보였다. 메이링에게 자유와 풍요의 땅, 미국에서의 생활은 '물고기가 물을 만난 것'처럼 즐겁지 않았을까. 그녀는 만년을 동부의 롱아일랜드와 맨해튼에서 보냈다.

찰리 쑹은 메이링의 귀국 무도회를 성대하게 열어 그녀의 금의환향을 상하이 사교계에 알렸다. 이 자리에는 암흑가의 보스, 두웨성도 참석했다. 메이링은 기독교 자선단체인 YWCA에서 일했고, 불우 아동들을 위해 자선 활동을 벌였다. 1922년 12월, 오빠 즈원이 주최한 송년 만찬회에서 장제스와 처음으로 만났다.

큰 언니 아이링은 장제스와의 결혼에 발 벗고 나섰다. 메이링의 야심에 불을 지른 것이다. 1927년 12월, 쑹메이링과 장제스의 이른바 '세기의 결혼식'이 열렸다. '근세의 공자'로 추앙받던 차이위안페이 (1868~1940)가 주례를 맡았다. 차이위안페이는 베이징대학 총장을 역임했다. 그는 진사 출신이 누릴 온갖 기득권을 박차고 쑨원의 혁명에 뛰어든 보기 드문 인물이었다.

쑹메이링은 서른한 살의 노처녀, 장제스는 마흔 한 살의 유부남이었다. 모친 니전꾸이는 결혼 조건으로 전처와의 이혼, 기독교로의 개종을 내걸었다. 장제스는 흔쾌히 이 조건을 받아들였다. 언니 칭링은 이들의 결혼을 '정치적 결합'이라며 극력 반대했다. 둘 사이에 낳은 자녀는 없었다. 1975년 장제스가 타계할 때까지 50년 가까운 결혼 생활을 유지했다. 메이링은 비서 겸 통역관, 외교관, 로비스트의 역할을 잘 감당했다.

1936년 12월 12일, 동북군 지도자 장쉐량(1901~2001)과 양후청杨虎城 (1893~1949)이 장제스를 납치, 감금하는 사건이 벌어졌다. 이른바 '서안사변'이다. 당시 메이링은 서안으로 달려가 장쉐량과 담판을 벌이며 목숨이 경각에 처한 장제스를 구해냈다. 두 부부에 우호적이었던 장쉐량은 천수를 누렸고, 장제스 제거를 극력 주장했던 양후청은 11년을 갇혀 있다 처형당했다.

1936~37년 무렵에 메이링은 중국의 공군 창설에 지대한 기여를 했다. 장제스는 부인에게 중국 항공위원회 비서장의 중책을 부여했다. 별칭도 '항공 총사령'이었다. 루즈벨트 부부에게 효과적인 로비활동을 벌여 전투기 120대를 도입했고, 미국인 조종사, 기술 고문도 들어왔다. 훗날 비호대飛虎隊라 불린 이들은 항일전에 참전하여 일본 전투기 100여 대를 격추시키는 등 혁혁한 전과를 올렸다. 무에서 출발하여 공군 창설의 기초를 다진 메이링을 사람들은 '중국 공군의 어머니'로 기억한다.

1943년 메이링은 미 의회에서 미국의 원조를 요청하는 요지의 연설을 했다. 상하 양원 연석회의 석상에서 열변을 토한 최초의 중국인으로 기록됐다. 이 연설은 미국인의 지지와 호응을 불러 일으켰고, 미국의 원조를 이끌어냈다. 국제적 감각을 지닌 메이링은 장제스가 고비에 처할 때마다 든든한 동반자가 되었다.

1995년, 98세의 메이링은 미 의회에 모습을 보였다. 종전 50주년 기념연설을 하여 다시 한 번 세인의 이목을 끌었다. 두 아들 장징궈, 장웨이궈와 네 명의 손자들이 먼저 세상을 뜬 후 2003년 107세에 죽었다. 3세기에 걸쳐 거대한 자취를 남긴 파란만장한 삶이었다.

세인들이 세 자매를 두고 이렇게 말하곤 한다. "한 사람은 돈을 사랑했고, 한 사람은 중국을 사랑했으며, 또 한 사람은 권력을 사랑했다一个爱钱, 一个爱中国, 一个爱权."

23

후스胡適, 화려함 뒤에 가려진
고독한 인생 여정

늦둥이, 늙은 아버지의 병사病死, 젊어서 과부가 된 홀어머니, 약골의 가난한 시골 소년, 7년의 고단한 미국 유학생활, 연상의 백인 연인과의 가슴앓이, 고향 처녀와 애정 없는 결혼, 어린 딸의 죽음, 유부남·이혼녀와의 비련과 낙태, 부엌칼을 휘두르는 악처, 매국노·미 제국주의의 앞잡이, 매국노의 아들로 몰린 차남의 자살, 신장미비로 급사. 신문화 운동의 창도자로 추앙받는 후스(1891~1962)의 슬프고 고독한 이면裏面을 생각나는 대로 적어 보았다.

'집집마다 말 못할 사정이 있다家家有本難念的經.' 중국인들이 자주 애용하는 속담이다. 그렇다. 후스처럼 집집마다 슬프고 말 못할 기구한 사연이 있을 것이다. 후스의 삶을 관조하면 깊은 고독의 그림자가 아른거린다. 후스처럼 낭만과 화려함, 영광과 굴욕, 자유와 고독이 교차한 삶을 살다 간 인물도 그리 많지 않을 것이다. 자유와 고독은 한 몸인 깃 같다. 후스의 고독은 어쩌면 태어날 때부터 예견됐는지도 모른다. 지금부터 후스가 걸어온 발자취, 그가 사랑했던 두 여인에 얽힌 애절한 사연, 후스의 인간적 풍모들을 훑어보자.[1]

인생의 발자취

후스의 고향은 호설암과 같은 안휘성 후이저우시 지시현績溪縣이다. 그의 어머니 펑순띠馮順弟는 18세의 나이에 47세의 강소지부江蘇知府 후톄화胡鐵花에게 시집갔다. 후스는 아버지가 50세 즈음하여 태어난 늦둥이였다. 후스는 쓰미嗣穈, 홍싱洪騂, 시강希疆으로 불렸다.

후스가 5세 때 부친이 병으로 죽자, 23세의 나이에 청상과부가 된 모친은 재가를 하지 않고 전처 소생의 자식들까지 돌봐야 했다. 후스에 대한 홀어머니의 애정과 교육열은 남달랐다. 후스는 14세까지 9년 동안 서당에서 유교와 고전 등을 공부했다. 후스와 어머니는 서로를 의지하고 돌보며 살았다. 14세 때에 한 살 위인 고향 처녀, 장둥슈江冬秀와 약혼했다. 얼굴 한 번 보지 못한 채 어머니가 일방적으로 내린 결정을 따라야 했다.

16세 때인 상해 중국공학公學 재학시절, 옌푸의 《천연론》, 변법유신운동의 기수 량치차오의 《신민설》 등에 심취했다. 20세 때인 1910년에 국비로 미국에서 유학했다. 이 무렵 이름도 적자생존을 의미하는 '스適'로 바꾸었다. 처음에 코넬대 농대에 입학했으나 문과로 바꿔 철학, 문학 등을 공부했으며 학사 학위를 취득했다. 다시 컬럼비아대학으로 옮겨 존 듀이John Dewey 밑에서 진보주의, 실용주의 철학을 연구했다.

27세 되던 해인 1917년, 베이징대 차이위안페이 총장의 부름을 받고 귀국하여 이 대학에 둥지를 틀었다. 중국 지식계는 준수한 외모와 훌륭한 인품, 세련된 매너에 발군의 문장 실력을 갖춘 젊은 미국 박사(1927년 정식 학위 취득) 후스에 열광했다. 같은 해 12월, 고향에서 장둥슈와 결혼식을 올렸다.

장제스를 떠나서 후스를 생각할 수 없다. 1927년 장제스와 쑹메이링의 '세기의 결혼식'에서 장제스와 처음 대면했다. 그 후 후스는 갈등과 애증을 거듭하며 장제스와 35년간 한 배를 탔다. 세인들은 후스를 장제스와 한 몸이라고 여겼다. 어떤 사람들은 후스와 장제스 두 사람을 일러 '일문일무一文一武의 영웅'[2]이라 치켜세웠다. 후스는 장제스 정권의 일당독재와 인권 탄압을 혐오했으면서도 그를 끝내 떠나지 못했다. 아마도 후스에게 장제스는 차선의 선택이었을 것이다.

후스는 중일전쟁 기간 중 장제스 정권하에서 4년간 주미대사를 지냈다. 대사 퇴임 후 학술활동을 계속했고, 1944년에 하버드 대학의 초청으로 한 학기 동안 강단에 섰다. 1945년에는 베이징대학 총장에 임명됐다.

공산군의 베이징 입성 전야인 1948년 12월 15일, 후스는 장제스가 보내준 전용기에 몸을 싣고 허겁지겁 남경으로 내려왔다. 대학총장으로서 베이징대학 개교 50주년 기념행사를 코앞에 두고 도망치듯 비겁하게 빠져 나왔던 것이다. 한평생 모은 손때 묻은 책이며, 제자·대학 동료들을 팽개치고 나온 그의 심정은 어떠했을까? 그는 이틀 후 중앙연구원 강당에서 열린 재在난징 베이징대학 동문회 주관, 베이징대학 50주년 경축 모임에서 자신을 가리켜 '도망병'이라며 대성통곡했다.

12월 17일은 후스의 생일이다. 장제스는 후스의 58세 생일을 맞아 성대하게 잔치를 열어주었다. 후스는 훗날 장제스의 환대에 너무나 감격했다고 고백한다. 《후스와 중국명인胡適與中國名人》을 쓴 황아이런黃艾仁은 이 무렵 장제스와 후스의 관계를 이렇게 표현했다. "이때의 후스는 이미 감정상 '장제스의 포로'가 되어버렸다."[3] 1949년 장제스가 타이완으로 패주한 뒤, 후스는 미국행을 택했다. 이후 타이완과 미국을 오가며 교육·학문 연구, 언론활동에 전념했다.

중국에서는 1954년 마오쩌둥이 불을 지핀 후스 비판운동이 전국적으로 번졌다. 마오쩌둥이 베이징대학 도서관 신문 열람실의 말단 직원으로 있었을 때 '스타 교수' 후스는 그의 우상이었다. 마오쩌둥은 후스의 강의를 청강했으며 갈구하던 후스와의 지적 교류가 이뤄졌다.

시대가 바뀌어 제자 격인 마오쩌둥에 의해 후스 비판운동이 제기된 것이다. 후스는 매국노, 미 제국주의의 앞잡이로 매도당했다. 대륙에 잔류했던 차남 쓰두思杜는 반 후스 운동의 여파로 핍박을 받아 부친과 부자관계를 끊어야 했다. 1957년에 불어 닥친 반우파투쟁 와중에 '반동의 자식'으로 몰린 쓰두는 자살했다. 후스 부부는 이 소식을 듣고 비통해했다.

1958년에 타이완의 중앙연구원장으로 부임했다. 1962년 중앙연구원 신규 회원 환영 만찬을 주관하는 도중에 심장마비로 급사했다. 자유분방한 삶 가운데서도 늘 고독과 마주했던 격동의 72년 세월이었다.

중국의 서구화를 꿈꾸다

후스는 척박한 중국 땅에 자유·정의·민주·인권의 싹을 틔우려 했다. 후스는 한 마디로 자유 민주주의의 신봉자였다. 미국을 모델로 한 중국의 완전한 서구화를 꿈꾸었다. 급진적 혁명, 유혈 혁명보다는 점진적 발전을 주장했다. 마오쩌둥과는 이념적으로 멀어졌으며, 때로는 장제스의 일당 독재와 인권 탄압에도 각을 세워 은원恩怨의 관계가 반복됐다. 1930년에 쓴 〈나의 사상을 소개한다介紹我自己的思想〉에 보이는 그의 사상적 지향은 확고하다.

> 소가 코뚜레에 끌려 다니는 것 같이 사람이 사람에게 끌려 다니는 것은 어리석다. 공자에게 끌려 다니건, 주희에게 끌려 다니건, 마르크스에게 끌려 다니건, 그것은 어리석은 짓이다. 더구나 레닌이나 스탈린 그 어느 누구도 위대한 현인이 아닐진대, 그들에게 맹목적으로 끌려 다니는 것처럼 어리석은 일도 없을 것이다.[4]

후스는 공맹, 주자로 대표되는 유학과 공산주의 이데올로기에 강한 거부감을 표출했다. 노자의 무위자연에 공감했으나 장자에 대해서는 비판적이었다. 국가 지도자의 지나친 간섭을 배격하고 '무위지치無爲之治'를 강조했다. 장자의 달관의 철학은 현실에 안주함으로써 진보를 도외시했다며 혹독하게 비판했다. 같은 해 발표한 〈우리가 가야 할 길我們走那条路〉이라는 논설에서 청산해야 할 '5대 구적舊敵'으로, 빈궁, 질병, 우매愚昧, 부정부패貪汚, 무질서擾亂를 꼽았다.[5]

후스의 작품을 얘기할 때 풍자 글의 백미인 〈차부둬差不多 선생전〉을 언급하지 않을 수 없다. 1918년 경, 후스는 《신청년》에 우화와 풍자를 섞은 비교적 짧은 분량의 잡문을 다수 발표했다. 〈차부둬 선생전〉은 이때 발표한 잡문의 일종이다. 차부둬 선생은 매사에 신중하지 못하고 일을 적당히 처리한다. 그는 도처에서 흔히 볼 수 있는 보통의 중국인을 상징한다. 세심하지 못한 중국 민중을 풍자하고 질타한 글이다. 주요 내용은 다음과 같다.

어릴 적 어머니가 백설탕을 사오라고 하자 홍설탕을 사와서 꾸지람을 들었다. 그는 홍설탕과 백설탕이 무엇이 다른지 모르겠다며 고개를 갸로저었다. 선생님이 직례성 서쪽에 위치한 성은 어느 성이냐고 묻자, 그는 산시陝西라고 답했다. 선생님이 산시陝西가 아니고 산시山西라고 알려주자 그의 말이 가관이다. "산시나 산시나 거기서 거기 아닌가요?"
환전 가게錢鋪에서 회계 일을 맡아 보았다. 그는 셈할 줄을 알았는데 늘 세심하지 못하여 십十자를 천千으로 쓰고, 천자를 십으로 썼다. 주인이 화가 나서 야단을 치자 웃으며 말했다. "천자는 십자보다 단지 한 획이 많을 뿐인데 대충 비슷한 것 아닌가요?"
어느 날 차부둬 선생이 갑자기 병이 나서 동쪽 마을에 사는 의사, 왕汪씨를 불러오라고 했다. 집사람은 왕 의사를 찾지 못해 할 수 없이 서쪽에 사는 수의사牛醫 왕王씨를 불러왔다. 그는 의사를 잘못 데려왔음을 알았다. 그러나 몸의 고통이 너무 심해 안절부절못했다. 초조한 나머지 마음속으로 생각했다. 왕의사나 왕의사나 별 차이가 없지 않은가? 이리하여 수의사 왕씨가 가축을 치료하는 방법으로 차부둬 선생의 병을 치료했다. 한 시간도 못되어서 목숨이 경각에 이르렀다. 그는 죽기 직전에 숨을 헐떡거리며 말했다. "산 사람이나 죽은 사람이나 뭐 별다른 차이가 있겠어?" 그는 말을 마치자마자 곧 숨이 끊어졌다.

차부둬 선생의 후예들이 지금도 즐비하다. 어느 한국 외교관이 샌드위치를 사먹고 배탈이 나서 병원 문을 두드렸다. 그는 '돌팔이' 인턴이 놓아준 주사 한 방에 불귀의 객이 되고 말았다. 유족들이 항의하자 '왜 외교관이란 신분을 밝히지 않았느냐'고 얼토당토 않는 변명을 늘어놓았다. 수 년 전, 비명에 간 고 황정일 공사의 이야기다. 후스 선생이 내려다봐도 기가 찰 노릇이다. 엎어치나 둘러치나 비슷하다는 생각, 모로 가도 서울만 가면 된다는 생각을 하는 차부둬 선생의 후예들이 요즘도 기승을 부린다.

악처와 두 연인

이제 후스를 둘러싼 여인들의 일화를 파헤쳐보자. 후스와 가슴 태운 두 여인과의 사랑 이야기는 널리 회자된다.

후스는 약혼한 지 13년 만에 상둥슈와 결혼식을 올렸다. 애정에서 우러나온 결혼이 아니었다. 자신을 위해 모든 것을 희생한 홀어머니의 뜻을 거역할 수 없었던 것이다. 사람들은 이를 두고 '바오반 혼인包辦 婚姻 (본인의 의사를 무시하고 부모가 독단적으로 상대를 정해 치른 혼인)'이라고 했다. 후스의 모친은 농작물의 계약재배처럼, 자신의 집안보다 유복했던 장둥슈 집안과 일종의 '계약 혼인'을 맺었다. 후스는 봉건 혼인 풍습의 희생물이었다. 모친 펑순띠는 이듬해 46세를 일기로 병사했다. 아들에게 혹독한 결혼의 굴레만 씌운 채 떠난 것이다.

후스 부부의 사진을 보면 한 눈에 참으로 어울리지 않는 부부라는 생각이 든다. 잘 생긴 얼굴의 후스 옆에, 왜소하고 못 생긴데다 억세게 보이기까지 한 장둥슈의 모습이 한편의 풍자극을 연상케 한다.

후스의 부인은 전족을 했으며 일자무식의 농촌 여성이었다. 작은 키에다 얼굴은 통통했고 마작을 즐겼다. 애정 없이 출발한 후스의 결혼 생활이 평탄할 리 없다. 장둥슈는 기질마저 대단했다. 학자풍인데다 고매한 인격을 지닌 후스와 장둥슈와의 공통의 대화, 공통의 언어는 실종됐다. 후스의 고독은 이렇게 시작됐다. 배우자 장둥슈와의 혼인 생활은 풍파 많은 삶을 마칠 때까지 장장 45년간 이어졌다. 슬하에 쭈왕祖望, 쓰두 두 아들을 두었다. 딸 후쑤페이胡素斐는 어려서 죽었다. 장둥슈는 후스가 죽은 후 13년을 더 살다가 1975년 86세를 일기로 삶을 마쳤다.

그렇다면 후스가 진정으로 사랑했던 여인은 누구인가? 후스와 이루어질 수 없는 사랑으로 인해 평생 그리움과 한을 품고 살았던 두 여인이 있었다. 웨이렌스韋蓮司(미국명 에디스 클리포드 윌리엄스Edith Clifford Williams)! 코넬대학 유학시절 알게 된 웨이렌스는 후스의 연인이자, 정신적 반려자였다. 그녀는 코넬대 지질학 교수의 딸로서 화가 지망생이었으며, 후스보다 여섯 살 연상이었다. 후스는 푸른 눈을 가진 이 사려 깊은 연상의 여인을 통해 사고의 폭을 넓혔으며, 여성관도 바뀌었다고 고백했다. 1916년 8월, 후스는 귀국을 앞두고 〈나비蝴蝶〉라는 시를 지어 이룰

수 없는 웨이렌스와의 애끓는 심정의 일단을 드러냈다.

> 노랑나비 한 쌍이 하늘로 날아오르네 两个黄蝴蝶，双双飞上天．
> 무슨 까닭인지 홀연 한 마리가 날아 내려온다 不知为什么，一个忽飞还．
> 허공에 남겨진 나비 한 마리, 너무나 가련하구나 剩下那一个，孤单怪可怜．
> 다시 날아오를 마음 끊으니, 하늘은 너무도 쓸쓸하구나 也无心上天，天上太孤单．[6]

허공에 남겨진 나비 한 마리는 아마도 웨이렌스였을 것이다. 1917년, 귀국 전 5일간 고별 방문차 웨이렌스 집에 들러 5일간 머물렀다. 짧은 만남 긴 이별 후, 두 사람은 수백 통의 편지를 주고 받았다. 태평양을 사이에 두고 마냥 가슴앓이를 했다. 후스는 1927년 미국을 방문하여 두 달가량 체류했다. 10년 만에 감격적인 만남이 이뤄졌다. 다시 발길을 돌리며 후스는 일기에 '오래 머무를 수 없는 것이 한스럽다'고 적었다.

1933년 후스가 캐나다 학술회의에 참석하기 위해 출국했다. 둘은 6년 만에 다시 만났다. 두 사람의 애달픈 밀회는 후스가 죽을 때까지 50년 가까이 지속됐다. 웨이렌스는 일평생 후스 한 사람만을 가슴에 품었으며 독신으로 지냈다. 1959년에 사재를 털어 후스 기금회를 설립하고 후스의 저작을 번역하고 전파하는 데 힘썼다. 1971년, 87세로 이루지 못한 사랑을 간직한 채 삶을 마감했다.[7]

후스를 죽도록 사랑한 또 한 사람의 가련한 여인이 있다. 그녀는 바로 후스보다 11세 연하인, 같은 고향 마을의 차오청잉曹誠英(본명 페이성佩

聲)이다. 그녀는 후스 셋째 형수의 자매로서, 후스를 '미거麋哥!'로, 후스는 자오청잉을 '누이表妹!'라 불렀다. 후스의 결혼식에 신부 측 하객으로 온 방년 16세의 부유한 휘주 상인의 딸 차오청잉은 신부 들러리 가운데 단연 돋보였다. 후스가 북경에서 신혼 생활을 할 때도 차오청잉과 편지를 주고 받았다. 두 사람은 이미 이때부터 애정이 싹텄던 것 같다.

1923년 33세의 후스는 대학에 병가를 내고 병약한 몸을 회복하기 위해 항저우에 내려와 쉬고 있었다. 차오청잉은 이때 23세의 이혼녀로서 항저우 여자사범학교에서 공부하고 있었다. 차오청잉이 그의 곁에 머물며 그를 돌보았다. 잘 생긴 유부남 후스와 청순가련형의 이혼녀는 곧 사랑에 빠졌다. 그녀의 뱃속에는 후스의 아이가 자라고 있었다. 마침내 후스는 악처 장둥슈와 이혼을 결심했다.

장둥슈 앞에서 차오청잉과의 관계를 털어놓고 이혼 이야기를 꺼내자 땅딸막하며 고약하게 생긴 후스의 처는 고성을 지르고 발광했다. 한 번은 종이 절단용 칼을 후스의 가슴에 들이댔다. 또 한 번은 부엌칼을 들고 나와 두 아들을 끌어안고 그들의 목에 칼을 대며, 둘 다 죽이고 자살하겠다고 괴성을 질렀다. 이에 놀란 후스는 황급히 달아났다. 이 후 이혼 얘기는 후스의 입에서 자취를 감추었다. 차오청잉은 낙태수술을 했다. 목숨보다 체면을 더 중시한 후스는 한을 달래며 장둥슈와 일생을 함께해야 했다.

1934년에 후스의 추천과 웨이렌스의 주선으로 차오청잉도 코넬대학 농학원에 입학했다. 1937년에 농학 석사 학위를 취득하고 귀국하여 안휘대학, 푸단대학 등에서 강의했다. 중국 최초의 여자 농학 교수요, 육종학 분야의 권위자가 된 것이다. 중일전쟁이 발발한 이듬해인 1938년, 후스는 미국대사로 부임했다. 다시 차오청잉과의 긴 이별이 시작됐다. 1942년 대사직 퇴임 후 학술 및 외교활동을 지속했다. 1946년 귀국 후 베이징대학 총장, 국민정부 지원·협력 활동 등으로 바쁘게 보냈다. 1949년 공산당이 대륙을 석권하자, 차오청잉의 간곡한 만류에도 불구하고 그는 상하이에서 배를 타고 미국으로 떠났다. 그녀와의 영원한 이별의 서막이었다.

차오청잉은 후스를 그리워하다 후스가 죽은 지 11년 만에 72세의 나이로 유명을 달리했다. 그의 시신은 후스가 늘 지나다니던 길 옆에 안치됐으며, 후스와 주고받았던 연애편지들도 함께 불태워졌다. 그녀의 흑백 사진을 보노라면 슬픈 눈망울이 애처롭게 다가온다. 차오청잉의 모습에서 청순가련한 여인상이 그려진다.

중국인이 곧잘 사용하는 '어우두완, 쓰리엔藕斷絲蓮'이란 표현이 있다. 연 뿌리는 얼핏 보면 끊어진 것 같지만 자세히 보면 작은 실 한 가닥으로 연결되어 있다. 끊을래야 끊을 수 없는 남녀 간의 인연이 오래도록 지속됨을 말한다. 오매불망 후스를 가슴에 품은 두 여인도 고독했겠지만, 장둥슈의 굴레에 갇힌 채 덧없이 살아가며, 연인을 그리는 후스가 더욱 고독했을 것이다.

후스의 인간적 풍모

후스는 자신에 엄격하고 타인에 관대했다. 그의 생활은 매우 규칙적이었다. 당시에 가정부, 청소부, 요리사, 운전기사 등이 후스와 한 집에 기거했다. 출타 시 후스는 자신 소유의 소형 승용차를 이용했다. 다음은 북경대학에 교수로 재직 중이었던 1937년 어느 하루의 일과다.

> 7시에 기상하여 7시 40분에 출근한다. 오전 강의 후 집에서 점심을 먹는
> 다. 중화교육문화기금 이사회 참석을 위해 오후 1시 40분에 집을 나선
> 다. 저녁은 대부분 밖에서 먹고 11시경 귀가한다. 학술논문, 잡문, 평론
> 등을 집필하고 02시에 잠자리에 든다.[8]

후스보다 4살 아래인 린위탕林語堂은 후스와 40년 지기다. 린위탕이 〈내가 가장 잊지 못하는 인물, 후스 박사我最難忘的人物—胡適 博士〉에서 들려준 아래의 회고담은 감동을 자아낸다.[9]

린위탕이 하버드대학에서 연구할 때 학비가 떨어져 베이징대학에 급히 요청하자 2,000달러가 송금됐다. 당시 2,000달러는 거액이었다. 귀국 후 확인해 보니 후스가 사재를 털어 보냈던 것이다. 또 린위탕 부부가 미국에 도착했을 때 린위탕의 부인 랴오판廖凡 여사가 갑자기 병이 들었다. 수술비와 입원비를 마련할 길이 없어 발을 동동 구르다 후스에게 전보를 쳐 송금을 요청하자 즉시 보내왔다. 하마터면 죽을 뻔했던 부인의 생명을 구한 것이다.

돈·권력·명예에 집착하면 할수록 그 속에서 무수한 독이 뿜어져 나온다. 후스는 애써 이 세 가지에 초연하려 했다. 범인들이 혈안이 되도록 추구하는 감투를 되도록 멀리하려 했다. 일례로 미국대사로 임명되었을 때도, 굶주린 개처럼 덥석 받아들이지 않았다. 베이징대학 총장으로 지

명됐을 때도 곧바로 수락하지 않았다. 피할 수 있으면 애써 피하려 했다. 중화민국 정부의 고시원장, 행정원장, 외교부장 등과 같은 요직을 여러 차례 제안 받았으며, 총통 후보로 나서달라는 요청도 있었으나 모두 단호히 거절했다.

후스는 늘 고독했다. 공산 정권이 장악한 대륙에서는 미 제국주의의 충견忠犬, 최고 악질 반동, 매국노로 낙인을 찍었다. 타이완에서도 그에 대한 평가는 그리 후하지 못하다. 장제스 정권에 적극 협조한 대가로 많은 과실을 얻었다고 혹평한다. 인하이광殷海光 교수는 '후스는 타협적 자유주의자로서, 자유주의의 상징이자 대표로서 많은 것을 누렸으나 자유주의의 기초를 세우고 발전시키는 데는 어떤 노력도 기울인 적이 없다'[10]고 비판했다. 자유민주주의 옹호자로서 장제스에 일말의 기대를 걸었고 그를 선택할 수밖에 없었던 필연적 귀결이다.

그러나 모든 인간적인 한계와 약점에도 불구하고 후스는 학자·언론인·문인·저술가·외교관으로서 소명에 충실했다. 후스는 약자의 호소에 귀를 닫지 않았으며, 강자의 억압에 침묵하지 않았다. 이것이 '책벌레', '백면서생' 후스를 후스답게 한 생명력이 아닌가 싶다. "차라리 외치다 죽을지언정 침묵을 지키며 살지 않겠다寧鳴而死, 不黙而生." 이 여덟 글자는 일생토록 후스를 지배했다.

24

보양柏楊, 중국의 관료주의를 신랄하게 비판하다

　《조선의 최후》라는 책에 보면, '구한말 조선은 말단 아전에서부터 재상에 이르기까지 모두가 썩어 문드러졌다'고 적혀 있다. 한 때 사석에서 대한민국ROK은 '부패공화국ROTCRepublic Of Total Corruption'이란 말이 나돌았다. 아마 삼풍백화점·성수대교 붕괴 사건이 발생한 무렵이었을 것으로 기억된다. 이 땅에서는 사고가 터지지 않는 한 아무리 울부짖어도 소용이 없나 보다.

　세월호 사건으로 '비정규직' 선장과 선박직 선원 모두가 구속됐다. 청해진 해운 소유주 유씨 일가의 추악한 행태가 도마에 오르내린다. 해운조합 이사장, 한국선급 회장들이 줄줄이 사표를 냈다. 해양경찰청, 항만 관계자들도 전전긍긍하는 모습이다. 급기야 '해피아(해양수산부+마피아)'

라는 웃지 못할 신조어까지 생겨났다. 불똥이 어디로 튈지 알 수 없다. '해피아'를 소탕하기 위해서는 '온 산'을 다 태워야 할지도 모른다.

언론에서 연일 '관피아(관료+마피아)'를 소탕하라는 목소리가 높다. 듣기에도 생소한 '관피아'라는 말이 슬그머니 고개를 쳐든다. 하루가 다르게 새로운 용어가 튀어나온다. 산피아(산업통상자원부), 교피아(교육부), 국피아(국토교통부)…. 이러다가는 머지않아 '관피아 공화국'이라는 말이 나돌 것이다. 공포정치가 판을 치던 시절, '육법당(육사·서울법대 출신 요직 독점)', '하나회'가 무소불위의 권력을 휘둘렀다. 이들이 기억 속에 사라지자 '관피아'들이 설쳐댄다. 또 다른 '마피아'들이 언제 어디에서 구더기처럼 스멀스멀 기어 나올지 두렵다.

우리나라 관료조직은 자정력自淨力을 잃었다. 신문의 각 사설에서 '국가 개조' 수준으로 관료조직을 혁파해야 한다고 호들갑이다. 쉬 끓고 쉬 식는 언론의 냄비 근성을 탓해 무엇하겠는가! 관료조직은 칡뿌리만큼이나 질기다. 해운조직을 운영하는 '간상奸商'도 나쁘지만 이와 결탁한 '간관奸官'은 더 나쁘다. 강고한 '철밥통'은 아무리 집어 던져도 깨지지 않는다.

중국의 관료주의도 한국보다 더하면 더했지 결코 뒤지지 않는다. 보양(1920‐2008)은 중국을 망치는 관료주의에 넌더리를 친다. 보양은 《추악한 중국인醜陋的中國人》의 저자로 잘 알려진 인물이다.[1]

보양은 원래 허난 성 카이펑에서 태어났으며 18살에 국민당 군대에 입대해 전쟁을 겪었다. 1949년 패주하는 국민당 군대를 따라 대만으로 건너가 그곳에 정착했다. 중국문화와 관료사회의 어두운 면을 파헤치다가 미운털이 박혀 9년 동안 옥고를 치렀다. 30살까지는 본토에서 살았고, 대만에서 60년 가까이 살았으니 두 사회의 실상을 모두 다 겪은 셈이다.

그는 대만에서 '추악한 중국인'이란 제목으로 강연을 하려다 여러 번 퇴짜를 맞았다. 그는 '추악한 미국인', '추악한 일본인'이라는 책을 접하고 '추악한 중국인'을 꼭 써보려고 했다. 미국에서 두 달 여 체류하면서, 같은 제목으로 강연을 하다 '서양 숭배자'라는 오명을 뒤집어쓰기도 했다. 그의 강연은 동포 사회 안팎에 큰 파문을 불러 일으켰다.

보양의 관점은 독특하다. 그에 의하면, 관료주의는 '장독醬缸문화'에서 비롯됐다고 한다. 장독을 중국어 발음으로는 '장깡'으로 발음한다. 지금도 전라도 시골 마을에 가면 장독을 '장깡'이라고 한다. 왠지 모르게 유사성이 느껴진다. '장독문화'를 좀 더 이해하기 쉽게 보양의 얘기를 들어보자.

흐르지 않는 물에 죽은 물고기, 죽은 고양이와 쥐, 온갖 더러운 쓰레기 등이 쌓인다. 이 오물 구덩이에서 악취가 풍긴다. 물은 점점 죽어간다. 마치 장독에 고인 물과 같다. 나는 북방에서 자랐는데, 고향에는 집집마다 장독이 아주 많았다. …된장이든 고추장이든 춘장이든, 장은 흐르는 것이 아니다. 죽은 물은 흐르지 못하는 데다 증발하기 때문에, 오염의 농도는 더욱 짙어만 간다. 중국문화가 바로 이렇다. …중국문화에서 이런 특징을 가장 잘 대표하는 것이 다름 아닌 '관장官場'이라는 것이다. 쉽게 말해 '관료사회'이고 속된 말로 표현하면 '관료판'이다.[2]

중국의 서민들은 관료들의 부정부패가 극에 달했다고 분개한다. 그래서 역대 지도자들은 속빈 강정인 부정부패 척결을 으뜸 과제로 내세운다. 우리의 '관피아'나 중국의 '관판'이나 오십보백보다. 그는 특유의 독설로 '장독문화'와 장독 속에 갇혀 된장(벼슬)이나 탐내는 '장독 속의 구더기'를 질타한다. '장독문화'는 교조에 빠진 유가사상의 유독遺毒이 작용한 것으로 추단한다. 그가 재미있는 예를 들었다.

> 군침 도는 복숭아나 미국 사과도 중국이라는 '장독'에 넣으면, 금방 마른 똥 덩어리로 변한다. …명 청조에 들어, 유교 사상은 주희의 말로 해석해야지, 왕양명의 말로 해석해서는 절대 안 된다고 규정했다. 지식인의 사고를 근본적으로 인정하지 않은 것이다. 시간이 지나면서 지식인의 사고력은 쇠퇴했다. 사고력이 사라지니 상상력도 고갈되고, 상상력이 고갈되니 감상하는 능력마저 없어진 것이다.[3]

역대 봉건통치제도 아래에서는 황제 1인만 '생각하는 갈대'가 되면 그만이었다. 나머지는 눈치나 살피고 비위를 맞춰야 살아남을 수밖에 없는 사회구조였다. 이런 사회구조에서 사고하는 인간은 위험이 뒤따른다고 보양은 에둘러 말한다. "생각할 줄 아는 노예가 가장 위험하다. 주인은 이런 노예를 죽이거나 내쫓는다. 이런 문화에서 자란 사람이 어떻게 독립적인 사고를 하겠는가?"[4]

앞에서 지적한 '장독 속의 구더기'란 좁은 의미로는 변화를 거부하고 사고할 줄 모르는 관료들을 지칭한다. 넓은 의미로는 된장의 '단맛'에 취해 그 안에서 우글거리는 중국 인민을 가리킨다. 보양은, 일대의 개혁가 왕안석도 '장독 구더기'들의 집단 저항 앞에 무릎을 꿇고 말았다고 탄식한다.

중국문화와 중국인에 대한 보양의 가시 돋친 비평은 굴곡진 삶에서 우러나온 일종의 자기고백이다. 애정이 없으면 절대 회초리를 들지 못한다. 루쉰 이래 그처럼 신랄하게 중국인을 비판한 인물도 흔치 않다. 그는 중국인의 속성을 아래와 같이 열거했다.

더러움, 무질서함, 시끄러움, 쟁반위의 모래처럼 분열(쑨원의 표현),[5] 패배·잘못·결점을 인정하지 않음, 포용력 결여, 이기심, 노예근성, 허풍·교만, 거짓말 일삼기, 체면치레, 근심과 불인, 적대감, 권력·이익에 혈안

중국인이 아니라면 누가 이렇게 속속들이 자신들의 치부를 드러낼 수 있겠는가. 그는 60세가 넘어 공개적으로 '추악한 중국인'에 대해 열변을 토하기 시작했다. 그것도 미국의 차이나타운에 모여 열심히 살아가는 중국 동포들 앞에서 말이다. 강연 도중에도 삐딱한 동포로부터 거친 항의를 받았다. 차이나타운에서 '문명국' 차이나와 중국인을 매도하니 고약한 청중들이 가만 둘리 없다. 그러나 그는 '중국인 때리기'를 멈추지 않는다. 보양은 일그러진 차이나타운의 모습을 다음과 같이 적나라하게 묘사한다.

전 세계에 퍼져 있는 차이나타운은 모두 더럽고 음습하다. …전 세계 아

무리 외진 곳이라도 중국인이 있는 곳이면 어디든 치열한 다툼이 있다. 백인에게는 순종적이면서 동포에게는 폭력적으로 돌변한다. …동포 상호간의 관계는 원수를 방불케 한다. …차이나타운은 중국인이 중국인을 잡아먹는 마귀의 소굴이 되어버렸다.[6]

그는 가는 곳마다 고장 난 시계처럼 같은 말을 되풀이하며 중국인의 못된 습관을 지적한다. 중국인은 태생적으로 단결할 줄 모르며, 다툼을 일삼는 민족이라 한탄한다.

중국인 개개인은 모두 용과 같아 구구절절 옳은 말만 한다. …그러나 세 마리 용이 모이면 바로 한 마리 돼지나 벌레가 되고 만다. 심지어 벌레만도 못할 때가 있다. 중국인의 주특기가 내분이기 때문이다. 중국인이 있는 곳이면 어디나 내분이 있다. …지구상에 중국인만큼 총명한 민족도 드물 것이다. 일 대 일의 상황이라면 중국인은 늘 승자가 된다. 그러나 중국인은 두 사람 이상만 모이면 백전백패한다.[7]

보양은 중국인의 '노예근성'을 건드리다 두고두고 혹독한 대가를 치렀다. 그는 '서양 숭배자'로 낙인찍혔다. 친구마저도 그를 모욕했다. 한 번은 친구의 집에서 문전박대를 당한 적이 있다. 친구가 면전에서 '서양을 숭배하며 외세에 꼬리를 흔드는 자'라며 거품을 물었다. 보양은 많이 취한 상태였는데, 망치를 찾아 수세식 변기를 때려 부수려고 했다. 그 뿐만 아니라 냉장고, 텔레비전, 전화도 모두 부숴버리려고 길길이 날뛰었다. 그 집 딸은 경찰을 불러 보양을 밖으로 내쫓았다. 입바른 소리 잘하는 중국의 괴격한 선비가 겪어야 할 숙명이라고 해야 할까?

부모는 자식이 무조건 말 잘 듣고 고분고분하면 예뻐한다. 점원은 주인이 시키는 대로만 하면 신임을 얻는다. 아내들은 냉장고를 열어보고 잔소리 하는 남편을 싫어한다. 묵묵히 가사 일을 도와주는 남편을 좋아한다. 윗사람은 군말 없이 철저히 복종하는 부하를 신뢰한다. 부하 직원이 근거를 내세워 따지고 들면, '장독문화'에 절은 윗사람들은 금세 얼굴이 붉어진다. 잔존하는 우리의 추한 모습이다.

중국의 장독이나 한국의 장독이나 별반 다를 게 없다. 그 안에는 구더기가 슬기 마련이다. 오래 전 한 '엘리트 장독 구더기'가 입버릇처럼 떠벌리던 말이 기억난다. "윗분이 말하면, '똥이 된장'이라고 해도 무조건 믿어야 해. 생각하고 따지려들면 안 돼. 그렇게 하면 이 사회에서 살아남지 못해."

어느 고문 기술자처럼 불행히도 그는 '생각하는 공복公僕'이 되기를 거부했다. 그저 아무 생각 없이 맹종하는 노예의 삶을 살았다. 그러나 아이러니하게도 그는 그 흔한 출세 한 번 못하고 겨우 말단의 언저리를 맴돌다 10여 년 전에 옷을 벗었다. 되살리고 싶지 않은 35년 전의 아픈 기억이다. 당시 그는 20대 중반을 갓 넘긴, 전도가 유망한 젊은이였다. 장독을 벗어날 줄 모르는 한국판 '장독 구더기'의 비참한 말로다.

25

난징 대학살의 또 다른 희생자,
아이리스 장

1999년 무렵, 아이리스 장Iris Chang(중국명 장춘루张纯如(1968~2004))
이 쓴《난징 대학살》이란 책이 국내에 소개됐다. 중국에는《난징폭행 : 잊
혀진 대도살南京暴行 : 被遺忘的大屠杀》이라는 제목으로 잘 알려져 있다. 이
책을 읽은 뒤 받은 충격은 쉬 가시지 않았다. 책에는 난징 시민을 구하러
나섰던 외국인과 희생자들의 일그러진 모습이 담긴 30여 장의 사진이
함께 실렸다. 일본 군인들에 의해 잔인하게 희생된 이들의 처참한 모습
은 이루 다 형언할 수 없다.

한두 해가 지나고 학살의 현장을 눈으로 직접 확인할 기회를 가졌다.
호형호제하던 난징대 교육학과 왕원라이王運來 교수의 안내로 '난징 대
도살 기념관'을 방문했다. 입구에 '도살屠殺'이라 적힌 문구를 보니 왠지

섬뜩하다. 이 기념관에는 고문, 강간, 생매장 당한 흔적들이 고스란히 보존되어 있다. 일본 군인의 총검술 연습 대상이 된 남녀노소들의 해골이 흙 가운데 드러난다. 귀국길에 오르기 전, 난징 사람들이 가기를 극구 꺼려한다는 그곳에 혼자 또 갔다.

이 책은 한동안 기억 속에서 사라진 채, 내 서가에서 먼지를 뒤집어쓰며 오랜 세월 잠을 잤다. 그리고 다시 15년이 지났다. 신문을 뒤적이니 신간 소개란에 《역사는 누구의 편에 서는가》라는 제목이 눈에 띄었다. '난징 대학살, 그 야만적 진실의 기록'이란 부제가 붙었다. 저자는 장춘루(아이리스 장)였다. 또 다른 역작이 출간된 것으로 지레 짐작했다. 반가운 마음과 호기심이 뒤섞여 자세히 살펴보지도 않고 무조건 한 권을 구입했다.

돌아오는 길에 훑어보니 번역자와 제목, 출판사만 다를 뿐 15년 전에 산 책과 같았다. 꼼꼼히 살펴보니 군데군데 지명에 대한 오역까지 똑같았다. 굳이 다른 점이 있다면 〈아이리스 장을 위한 짧은 묘비명〉이란 글이 추가되었을 뿐이다. 똑같은 책을 또 샀다고 해서 실망할 필요는 없다. 버스를 타고 서점까지 달려간 노력과 몇 푼 들어간 돈이 아까워 다시 책을 뒤적거렸다.

해마다 12월 13일이 되면 전국에 사이렌이 울리며 무고하게 희생된 원혼들의 넋을 기리기 위해 전 국민이 묵념을 한다. 중국 정부는 올해부터 이 날을 국가 공식 추도일國家公祭日로 지정했다. 다시금 비명에 간 장춘루가 떠오른다.

장춘루는 미국에서 출생한 중국계 2세다. 양친 모두 하버드 대학에서 공부했으며, 30년 간 물리학·미생물학을 연구한 과학자였다. 그녀는 초등학교 시절, 부모로부터 난징 대학살에 대해 들어 익히 알고 있었다. 부모는 중일전쟁의 악몽을 떨쳐버리지 못했다. 자신의 딸도 이 사건에 대해 기억하기를 바랐다. 장춘루는 대학에서 저널리즘을 전공했으며 한 때 기자로 일했다. 결혼 후 전업 작가의 길을 걸었다. 3년 여 동안 심혈을 기울여 쓴 《난징 대학살》은 세계적인 베스트셀러가 됐다. 그녀 또한 이 한 편의 작품으로 인해 일약 세계인의 이목을 끌었다.

그러나 2004년 11월, 캘리포니아 주 고속도로변 차안에서 그녀는 머리에 총을 맞아 숨진 채 발견되었다. 1997년 《난징 대학살》 출간 후, 일본 우익분자들의 협박에 줄곧 시달려온 것으로 전해졌다. 하지만 증언자의 말을 토대로 자살로 추정했다. 미국인 남편과 아들을 남겨둔 채 마감한 36세의 짧은 생애였다. 잊혀진 홀로코스트Holocaust를 일깨우려한 용기가 결국 그녀를 죽음으로 내몬 것이다. '난징 대학살'의 또 다른 희생자인 셈이다.

1937년 12월 13일 국민당의 수도 난징이 함락되어 일본의 수중으로 넘어갔다. 이때부터 이듬해 1월 하순에 걸쳐 일본의 '인간 병기'들은 난징 시민들을 닥치는 대로 죽였다. 6주라는 짧은 기간에 무려 30여 만 명이 '도살'됐다. 학살의 방식이 너무나 끔찍하여 차마 필설로 표현하기 힘들 정도다. 잠시 장춘루가 묘사한 끔찍한 장면을 떠올려보자.

일본 군인들은 2만~8만에 이르는 여성들을 강간했다. 뿐만 아니라 가슴을 도려내고, 산 채로 벽에 대고 못을 박기도 했다. 생매장, 거세하기,

신체 장기 도려내기, 산 채로 불태우기 등이 다반사로 행해졌다. 심지어 혀를 뽑아 쇠갈고리에 꿰어 걸어 놓거나, 허리까지 파묻은 후 독일산 셰퍼드의 먹이로 삼는 등 악마적인 행위가 버젓이 저질러졌다.[1]

살인병기들이 미쳐 날뛰던 곳에 수호천사도 존재했다. 진링金陵여자문리대학 교육학부 학부장, 윌헬미나 보트린Wilhelmina Vautrin(1886~1941, 중국명魏特琳), 독일인 사업가 욘 라베John Rabe(1882~1950, 중국명约翰·拉贝), 외과의사 로버트 윌슨 등이 그들이다. 그들은 국제위원회를 조직하고 안전지대를 만들어 미처 피난하지 못한 난징시민들을 대피시켰다. 이들의 헌신적인 노력으로 25만 명에 달하는 시민들이 목숨을 건졌다. 특히, 나치당원이자 안전지대 대표였던 욘 라베는 중국인들 사이에 '살아 있는 부처生佛'로 불렸다. 장춘루는 그를 유태인을 구한 오스카 쉰들러에 빗대어 '중국의 오스카 쉰들러'라 칭했고 그의 공적을 기렸다.[2]

난징에서 자행된 살육은 서막에 불과했다. 살인병기들이 저지른 광기는 중일전쟁 8년 내내 그칠 줄 몰랐다. 장춘루는 이 기간 동안 약 1900만 명의 중국인들이 희생됐다고 추정한다. 아울러 스스로에게 캐물었다. 무엇이 일본 군인들을 그토록 잔인하게 만들었을까? 역사학자, 목격자, 피해자, 가해자들의 의견과 증언을 종합한 결과, 천황에 대한 맹목적 충성심, 일본 군대의 엄격한 위계질서와 구타 용인, 중국인에 대한 경멸심 등이 작용한 것으로 보았다. 특히, 중국인에 대한 일본 군인의 경멸심에 대해 주목할 필요가 있다. 그녀의 증언을 들어보자.

일본 군인은, 중국인을 죽이는 것을 벌레나 가축을 죽이는 것처럼 생각해 조금도 양심의 가책을 느끼지 않았다. …일본 장군이 한 특파원에게 말하기를, '당신은 중국인을 인간으로 볼지 모르지만, 나는 중국인을 돼지로 생각하오.'[3]

일본 장군의 인면수심人面獸心에 그저 할 말을 잃을 뿐이다. 베일에 가렸던 난징 대학살의 전모를 밝히기 위해 장춘루는 사투를 벌였다. 그녀는 책의 머리말에서 자신의 소명의식에 대해 이렇게 밝히고 있다.

이 책을 쓰는 동안 나를 가장 슬프게 한 것은, 일본이 자신의 과거와 대면하기를 거부한다는 사실이었다. …이 길고 힘든 작업 중 나를 끊임없이 자극한 것은, 많은 일본 정치가들과 학자들 그리고 산업 분야 지도자들이 명백한 증거가 있음에도 불구하고 학살 자체를 부인한다는 점이었다. …역사를 왜곡하려는 일본인의 용의주도한 시도를 보며 이 책이 필요하다는 나의 확신은 더욱 커졌다.[4]

장춘루는 마치 난징 대학살의 진상을 밝히기 위해 태어난 사람 같았다. 일본이 학살에 대해 인정하기 전까지 일본 문화는 한 발자국도 전진할 수 없을 것이라고 단언한다. 아울러 이 사건으로부터 다음과 같은 세 가지 교훈을 얻었다고 고백한다.[5]

첫째, 일본의 행위는 위험한 시기에 위험한 문화를 기반으로 한 위험한 정부가 본성을 저버린 인간에게 위험한 논리를 강요했기 때문에 일어났다. 십대들이 갖는 천성 중 좋은 부분을 억압하고, 그들을 어떻게 '살인병기'로 만들어버릴 수 있는지 이 사건이 잘 대변해준다.

둘째, 역사를 통해 인류가 저지른 대량 학살의 패턴을 연구한 사람이라면, 정부의 권력 집중이 얼마나 치명적인지 발견할 것이다. 어떤 제재나 견제도 받지 않는 권력은 난징 대학살과 같은 잔인한 사건을 언제라도 일으킬 수 있다.

셋째, 상상조차 할 수 없는 이 사건에 대해 우리들은 수동적인 방관자로서 그저 비통해할 뿐이었다. 악행이 일상적으로 펼쳐지는 데도 그것이 멀리 떨어진 곳에서 발생해, 자신에게 별 위험이 되지 않는다면 이를 용납할 수도 있는 것이다.

이제 그녀는 작가로서의 무거운 책임을 벗어 던졌다. 일본 단체의 공갈과 협박도, 우울증도 뒤로 한 채 영원히 잠들었다. 장춘루가 죽은 후 그녀의 정신을 기리기 위해, 대도살 기념관 내에 동상 및 장춘루 기념관이 건립됐다. 그리고 '난징! 난징!', '진링의 13소녀金陵的13少女' 등이 영화로 제작됐다.

그녀는 떠났으나 학살의 가해자들은 오늘도 군국주의의 부활을 꿈꾼다. '총칼로 일어선 민족은 총칼로 망한다'는 진리를 일본 정부는 망각한 것 같다. 장춘루는《난징 대학살》을 집필하면서 다음의 경구를 되새겼다. "과거를 기억하지 못하는 사람들은 그 과거를 되풀이한다George Santayana."6

1. 공자

1 《사기·공자세가(史记·孔子世家)》

2. 범려

1 범려에 관한 고사는 사마천의《사기·월왕 구천세가越王勾踐世家》, 장밍린 (張明林) 주편,《중국명인백전中國名人百傳(연합교육출판사, 2006)》, 이 화승이 지은《상인 이야기》, 리정李政/이은희 역,《권력의 숨은 법칙》등에 보인다.

2 사마천/김진연·김창 편역,《한 권으로 보는 사기》, 184쪽

3 리정李政/이은희 역,《권력의 숨은 법칙》, 20쪽

4 이화승,《상인 이야기》, 62쪽

5 사마천,《사기·월 왕 구천 세가》

3. 맹상군

1 사마천/김원중 역, 《사기열전(상권)》, 〈맹상군 열전〉, 288쪽 요약

2 위의 책, 291쪽

3 위의 책, 292쪽

5. 사마천

1 지전화이季 鎭淮/김이식 · 박정숙 역, 《사마천 평전》, 글항아리, 2012, 141~144 재인용

6. 왕소군

1 린깐 · 마지林幹 · 馬驥/전창범 · 윤영화 편역, 《중국 제일의 미인, 왕자오쥔》, 34쪽 재인용

2 위의 책, 5~6쪽

7. 도연명

1 도연명에 관한 기록은 《진서 도잠전晉書 陶潛傳》, 《송서 도잠전宋書 陶潛傳》 등에 보인다. 국내에서 도연명을 다룬 책, 몇 권을 소개하자면, 이치수 역주 《도연명 전집》, 지세화 편저 《이야기 중국문학사(상, 하)》, 홍문숙 · 홍정숙이 엮은 《중국사를 움직인 100인》 등이 있다. 이 중에서 이치수가 역주한 《도연명 전집》에는 70편 가량의 작품이 수록돼 있으며, 역주자가 각고의 노력을 기울인 흔적이 역력하다. 이 책의 말미, 〈전원(田園)과 은일(隱逸)의 시인, 도연명〉에 그의 행적이 상세히 드러난다.

2 이치수 역주, 《도연명 전집》, 126쪽

3 위의 책, 80쪽

4 《진서 도잠전》

8. 한유

1 한유/고광민 역,《자를 테면 자르시오 - 한유 산문선》, 13쪽

2 노장시 편역,《한퇴지 평전》, 193~196 요약

3 한유/고광민 역, 앞의 책, 85~86쪽

9. 진회

1 진회 관련 고사는《송사 · 진회전》, 한여우산(韓酉山)의《진회 연구》(인민출판사, 2008) 등에 전한다.

10. 유백온

1 〈감흥(感興) 3수(首)〉, 오함吳晗/박원호 역,《주원장전》, 130쪽 재인용

2 오함/박원호 역,《주원장전》, 141~142쪽

3 푸원쥔 · 왕페이훙(符文軍 · 王飛鴻)이 엮은《중국 명인 미해지미(中國名人 未解之謎)》에도 그의 죽음에 관한 미스터리가 일부 언급되어 있다.

11. 주원장

1 오함 저, 박원호 역,《주원장전》, 432쪽

2 펑위쥔(馮玉軍) 저, 김태경 역,《십족을 멸하라》, 64~66쪽

3 위의 책, 70~71쪽

4 쩌우지멍(鄒紀孟) 저, 김재영 역,《권력규칙(제1권)》, 364~366쪽

5 위의 책,《권력규칙(제1권)》, 361쪽

6 리정(李政) 저, 이은희 역,《권력의 숨은 법칙》, 59~60쪽

7 보양(柏楊) 저,《중국인 사강(中國人 史綱)》, 60쪽

12. 이탁오

1 양성민(楊生民) 저, 심규호 역,《한무제 평전》, 63쪽

2 《명 신종만력실록(明神宗萬曆實錄)》권369, 옌리에산·주젠궈(鄢烈山·朱健國) 저, 홍승직 역, 《이탁오 평전》, 24쪽

3 이지 저, 《분서》권3, 〈자찬(自讚)〉, 신용철 저, 《공자의 천하, 중국을 뒤흔든 자유인 이탁오》, 57~58쪽 재인용

4 위의 책, 228쪽

5 요안현은 오늘날 운남성 초웅시(楚雄市) 요안현 이족(彝族) 자치주를 지칭

6 지금의 호북성 황강시(黃岡市) 홍안현(紅安縣)

7 《논어》〈위령공(衛靈公)〉 편

8 《분서》권6, 〈독서락병인(讀書樂幷引)〉, 신용철, 앞의 책, 224쪽

9 《논어》〈양화(陽貨)〉 편

10 신용철, 앞의 책, 159쪽

11 위의 책, 472쪽

12 위의 책, 143쪽

13 위의 책, 245쪽

14 《초담집 初潭集》권24 〈치신치신痴臣〉, 신용철, 앞의 책, 242쪽

15 《분서》권6, 〈자족하는 것보다 더 부유한 것은 없다(富莫富于常知足)〉, 신용철, 앞의 책, 90쪽

16 위의 책, 284~288쪽

17 2005년에 홍승직이 번역한 《이탁오 평전》이 빛을 보았다. 뒤 이어 2006년 초, 신용철이 지은 《이탁오》가 출간됐다. 아울러 이탁오의 대표작 《분서》가 2004년 김혜경에 의해 완역됐다. '겸용병포(兼容幷包, 모든 사상을 포용)'를 지향한 이탁오의 정신을 배우고 이해하는 기본적 토대가 마련된 셈이다.

13. 위충현

1 《명사·위충현 전》을 비롯하여 김영수·김경원이 엮은 《간신열전》(원제 변간신론(辨奸臣論)), 찌아원훙(賈文紅)의 《중국명인대전》《중국인물열전》으

221

로 번역 소개), 김영수의《치명적인 내부의 적, 간신》등에 그의 삶이 수록돼 있다. 중국의 주요 인터넷 포털사이트에서도 그에 관한 기록물, 대담 프로, 드라마를 쉽게 접할 수 있다.

2 김영수 저,《치명적인 내부의 적, 간신》, 308쪽

14. 화신

1 찌아원홍 저, 성연진 역,《중국인물열전》, 231쪽

2 위의 책, 218쪽

3 《논어》〈계씨(季氏)〉편

4 리정(李政) 저, 이은희 역,《권력의 숨은 법칙》, 107쪽

5 찌아원홍 저, 성연진 역, 앞의 책, 228쪽

15. 호설암

1 국내에는 쩡다오(曾道)의 저서《장사의 신, 호설암》(한정은 역), 어우양이페이(歐陽逸飛)가 쓴《호설암의 기회경영》(김준봉·이지현 역) 등이 출판됨으로써 호설암은 우리에게 가깝게 다가왔다. 두 저자는 호설암 '예찬론자'로서 주로 그의 경영정신과 방법에 초점을 맞추었다.

2 강효백 저,《중국인의 상술》〈'꽌시'를 알면 사업이 풀린다〉, 209~217쪽

16. 정관응

1 정관응을 이해하기 위해 먼저, 몇 가지 관련 책자를 소개한다. 샤둥위안(夏東元) 편저,《정관응집(상, 하)》, 상해인민출판사, 1988), 이휘리(易惠莉)가 쓴《정관응 평전》(남경대학 출판사) 등 다수가 있다. 국내 서적으로는 이화승의《상인 이야기》,《성세위언-난세를 향한 고언》(정관응 저, 이화승 역) 등이 있다. 이 가운데 정관응 연구 전문가, 샤둥위안이 엮은《정관응집》은 정관응의 대다수 저작과 삶의 궤적을 상세하게 다뤘다.

2 이화승 저, 《상인 이야기》, 327쪽

3 《성세위언》은 1895년과 1900년 두 차례에 걸쳐 수정 증보판이 나왔다.《성세위언 속편(盛世危言续编)》,《성세위언 증정신편(盛世危言增订新编)》이 그것이다. 성세위언은 판본 만해도 20여 종이 넘는다. 정관응 연구의 권위자인 샤둥위안은 《정관응집》에서 몇 가지 대표적인 판본을 종합하여, 57개 분야로 정리, 기술하였다. 이화승의 번역본에는 도기(道器), 서학, 의원(議院), 공법, 선교, 교섭, 상전(商戰), 상무, 세칙, 자강론 등 16편이 수록돼 있다. 번역본에 수록된 항목 외에 일부를 추가하면 다음과 같다. 금연, 학교, 판노(販奴), 철로, 우정(郵政), 선정(船政), 국채, 방직, 방해(防海), 방변(防邊), 연병(練兵), 화기, 개광(開鑛), 여교(女教) 등.

17. 옌푸

1 중국에서 옌푸에 대한 연구는 넘쳐난다.《옌푸집(嚴復集)》을 포함해 전집류만도 여러 종류가 존재한다. 2000년대 들어서도 옌푸에 대한 세인들의 관심은 식지 않았다. 뤄빙량(羅炳良)이 엮은 《옌푸 천연론(嚴復 天演論)》, 리신위(李新宇)가 지은 《불을 훔친자 옌푸(盜火者 嚴復)》등이 눈에 띈다. 하버드 대학 교수 벤저민 슈워츠(Benjamin Schwartz)의 《In Search of Wealth and Power : Yanfu and the West》(최효선 역,《부와 권력을 찾아서》)는 이미 옌푸 연구의 고전이 되었다. 한국에서는 2008년에 양일모의 《옌푸 : 중국의 근대성과 서양사상》이 단행본으로 출간돼 주목을 받았다.

2 양일모 저, 《옌푸 : 중국의 근대성과 서양사상》, 113~115쪽

3 위의 책, 143쪽

4 위의 책, 173~175쪽

5 위의 책, 214쪽

6 벤저민 슈워츠 저, 최효선 역, 《부와 권력을 찾아서》, 201쪽

7 《천연론》 번역 범례

8 위의 책, 89쪽

9 위의 책, 55쪽

18. 구훙밍

1 구훙밍 저, 김창경 역, 《중국인의 정신》, 133~139쪽

2 위의 책, 145쪽

3 위의 책, 40쪽

4 위의 책, 41쪽

19. 차이위안페이

1 가오핑수(高平叔)의 《차이위안페이 전집(1~4)》, 후궈수(胡國樞)가 지은 《차이위안페이 평전》을 근거로, 혁명과 구국, 사회개혁과 계몽 그리고 인재 육성에 바친 그의 74년 삶을 요약한다.

2 후궈수 저, 강성현 역, 《차이위안페이 평전》, 544쪽

3 위의 책, 402쪽

4 위의 책, 405쪽

5 주요 저작은 다음과 같다. 《중국윤리학사(1910년)》, 《중학수신교과서 (1911)》, 〈전 국민에게 고함(告全國文, 1912)〉, 《철학대강(1915)》, 〈문명 의 소화消化(1917)〉, 〈미육으로 종교를 대체하자는 주장(1917)〉, 〈홍수와 맹수(1920)〉, 〈교육독립의教育獨立義(1922)〉, 〈한자개혁설(1922, 한자에 라틴문자 병행 표기 주장)〉, 〈미육실시방법(1922)〉, 〈중화민족과 중용의 도 (1931)〉 등이 있다.

6 김삼웅 저, 《안중근 평전》, 512쪽

7 후궈수 저, 강성현 역, 앞의 책, 235~236쪽

8 위의 책, 《차이위안페이 평전》, 499쪽

9 강성현 저, 《중국인은 누구인가》, 197쪽

10 후귀수 저, 강성현 역,《차이위안페이 평전》, 350쪽

20. 리종우

1 필자가 구입한 판본은《후흑학(화보출판사, 2011)》
2 리종우 저, 김수연 역,《후흑열전》, 106쪽
3 위의 책, 16쪽
4 위의 책, 16~18쪽
5 위의 책, 27~29쪽
6 위의 책, 29~30쪽
7 위의 책, 21~22쪽
8 위의 책, 31~32쪽
9 위의 책, 90쪽
10 위의 책, 93~94쪽
11 위의 책, 40~43쪽
12 위의 책, 44~47쪽

21. 장제스

1 《백범일지》, 360~362쪽, 455쪽 참고
2 이 책의 제6장 〈항일전쟁과 국민정부군(약칭 국부군)〉과 제7장 〈국부군과 공산군의 싸움〉에서는 탕언보(湯恩伯, 1900~1954), 후중난(胡宗南 (1896~1962) 등 패장들의 회고담을 근거로, 장제스 군대의 패인을 상세히 지적하였다. 제9장 〈누가 중국을 상실하였는가?-장제스의 증언 *브라이언 훅의 글을 전재(轉載)〉에 보면, 장제스 정권의 몰락 원인이 잘 드러난다.
3 Lloyd E. Eastman/민두기 역,《장제스蔣介石는 왜 패하였는가》, 233~257쪽
4 위의 책, 156~157쪽
5 위의 책, 168쪽

6 위의 책, 168~169쪽

7 위의 책, 177쪽

8 위의 책, 165~166쪽

9 위의 책, 187~200쪽

10 위의 책, 196~197쪽

22. 찰리 쑹의 세 딸

1 장룽·존 할리데이(張戎·John Holiday) 공저,《송경령 평전》(이양자 역, 지식산업사, 1992), 이스라엘 엡스타인(Israel Epstein, 1915~2005) 저,《20세기 중국을 빛낸 위대한 여성, 송경령(상,하)》(이양자 역, 한울, 2000), 천팅이(陳廷一) 저,《송미령 평전》(이양자 역, 한울, 2004) 등이 그것이다. 이 가운데 엡스타인과 천팅이의 작품은 심혈을 기울여 쓴 흔적이 역력히 드러난다. 혼자의 힘으로 이 책들을 모두 번역한, 전 동의대 사학과 이양자 교수는 쑹칭링 연구에 한 획을 그었다.

2 Israel Epstein/이양자 역,《20세기 중국을 빛낸 위대한 여성, 송경령(상,하)》, 38~43쪽

3 장룽·존 할리데이 공저,《송경령 평전》, 22쪽

4 토마스 칼라일(Thomas Carlyle) 저, 박상익 역,《영웅숭배론》16~17쪽

5 쑹칭링 연구에 독보적 업적을 이룬 이양자 교수는, 쑹칭링을 '손문주의 계승자, 사회 활동가, 여성해방운동의 제창자, 세계평화운동의 지도자'로 평가하였다.

23. 후스

1 황아이런(黃艾仁) 저,《후스와 중국명인(胡適與中國名人)》, 지원순 저, 표명렬 역,《현대중국의 정치사상가》, 민두기,《중국에서의 자유주의의 실험, 후스胡適의 사상과 활동》, 중국 인터넷 포털 사이트 바이두(百度)에서 후스 관련, 다수의 다큐멘터리를 참고하여 그의 인생 발자취를 더듬었다.

2 황아이런, 앞의 책, 107쪽

3 위의 책, 122쪽

4 지원순 저, 표명렬 역, 앞의 책, 32쪽

5 위의 책, 32~33쪽

6 후스 저, 한상덕 역,《상시집嘗試集》〈나비(蝴蝶)〉, 27쪽

7 이들의 구슬픈 사랑 얘기는 저우즈핑(周質平)이 쓴《후스와 웨이렌스 : 50년 깊은 정(胡适与韦莲司：五十年的深情)》에 상세히 전한다.

8 마쓰(馬嘶) 저,《1937년 중국지식계》, 북경도서관 출판사, 17~19쪽

9 황아이런, 앞의 책, 332~334

10 위의 책, 133~134

24. 보양

1 이 책은 2005년 김영수에 의해 국내에 번역·소개되었다. 원본에는 보양의 주장에 공감하거나 비판적인 작가들이 쓴 17편의 글이 실려 있다.《추악한 중국인》은 보양이 뉴욕, 로스앤젤레스, 아이오아 대학 등에서 강연한 내용과 평론들을 모아 엮은 것이다.

2 위의 책, 98쪽

3 위의 책, 72~73쪽

4 위의 책, 59쪽

5 위의 책, 273쪽

6 위의 책, 274~275쪽

7 위의 책, 40, 140쪽

25. 아이리스 장

1 Iris Chang/김은령 역,《난징 대학살(The Rape of Nanking)》, 끌리오, 1999, 12~13쪽

2 위의 책, 130~131, 147, 151쪽

3 위의 책, 256쪽

4 위의 책, 20~21쪽

5 위의 책, 259~260쪽

6 위의 책, 25쪽 재인용

가오핑수高平叔, 《차이위안페이 전집(1~4)》, 중화서국 : 1984.

강성현, 《중국인은 누구인가》, 은행나무, 2015.

강영수, 《재미있는 중국사 여행(1~2)》, 예문, 2001.

강효백, 《중국인의 상술》, 한길사, 2002.

계승범, 《우리가 아는 선비는 없다》, 역사의 아침, 2011.

구훙밍辜鴻銘 / 김창경 역, 《중국인의 정신(The Spirit of the Chinese People)》, 예담, 2004.

김경일, 《공자가 죽어야 나라가 산다》, 바다출판사, 1999.

김구, 《백범일지》, 나남출판, 2002.

김영수·김경원, 《간신열전》, 선녀와 나무꾼, 1997.

김영수, 《치명적인 내부의 적, 간신》, 추수밭, 2009.

김원중, 《중국문화의 이해》, 을유문화사, 1998.

김윤희 · 이욱 · 홍준화,《조선의 최후》, 다른세상, 2004.

김희영,《이야기 중국사(1~3)》, 청아출판사, 1985.

노장시 편역,《한퇴지 평전》, 지식산업사, 1994.

노승윤,《박은식의 민족교육사상》, 양서원, 1999.

도연명/이치수 역주,《도연명 전집》, 문학과 지성사, 2005.

도행지陶行知/김귀성 편역,《도행지의 교육사상-생활이 바로 교육이다》, 내일을 여는 책, 1996.

뤄빙량羅炳良,《엄복嚴復 천연론天演論》, 화하(華夏)출판사. 2002.

류샤오보劉曉波,《류샤오보, 중국을 말하다》, 지식갤러리, 2011.

리정李政/이은희 역,《권력의 숨은 법칙》, 미래의 창, 2011.

린깐 · 마지林幹 · 馬驥/전창범 · 윤영화 편역,《중국제일의미인, 왕자오쥔王昭君》, 고래실, 2007.

마쓰馬嘶,《1937년 중국지식계》, 북경도서관 출판사, 2005.

민두기,《중국에서의 자유주의의 실험, 후스胡適의 사상과 활동》, 지식산업사, 1996.

박인수,《황제의 비서실장, 환관》, 석필, 2003.

배경한,《왕징웨이汪精衛 연구》, 일조각, 2012.

배경한,《장제스 연구》, 일조각, 1995.

보양柏楊/김영수 역,《추악한 중국인》, 창해, 2005.

보양/김영수 역,《백양柏楊 중국사(1~3)》, 역사의 아침, 2014.

사마천/이성규 편역,《사기-중국 고대사회의 형성》, 서울대 출판부, 1987.

사마천/김원중 역,《사기열전(상, 하)》, 을유문화사, 2002.

사마천/남만성 역,《사기열전》, 을유문화사, 1983.

사마천/김진연 · 김창 편역,《한권으로 보는 사기》, 서해문집, 2004.

사와다 이사오澤田勳/김숙경 역,《지금은 사라진 고대 유목국가 이야기》, 아이필드, 2007.

샤오꿍취안蕭公權/최명 · 손문호 역,《중국정치사상사》, 서울대출판부, 1998.

성백효,《논어》,《맹자》, 전통문화연구회, 1991.

소노다시게토園田茂人,《중국인, 이렇게 사고하고 행동한다》, 다락원, 2002.

신성곤 · 윤혜영,《한국인을 위한 중국사》, 서해문집, 2004.

신슈밍申修明 외/줘위안보左遠波 엮음/주수련 역,《자금성, 최후의 환관들》, 글항아리, 2011.

신용철,《공자의 천하, 중국을 뒤흔든 자유인 이탁오》, 지식산업사, 2006.

양성민楊生民/심규호 역,《한무제 평전》, 민음사, 2012.

양일모,《옌푸(嚴復) : 중국의 근대성과 서양사상》, 태학사, 2008.

어우양이페이歐陽逸飛/김준봉 · 이지현 역,《호설암의 기회경영》, 지상사, 2006.

옌리에산鄢烈山 · 주젠궈朱健國/ 홍승직 역,《이탁오 평전》, 돌베개, 2005.

오윤희,《창강 김택영 연구》, 국학자료원, 1996.

오함吳晗/박원호 역,《주원장전》, 지식산업사, 2003.

위단于丹,《논어 심득 論語心得》, 중화서국, 2006.

이광수,《도산 안창호》, 범우사, 1995.

이나미 리츠코井波律子,《4천년 중국사를 만든 중국인 이야기》, 아세아미디어, 2002.

이병주 엮음,《중국 근대화를 이끈 걸출한 인물들》, 지식산업사, 2006.

리종우李宗吾,《후흑학厚黑學》, 중국화보(畵報)출판사, 2011.

리종우/김수연 역,《후흑열전厚黑列傳》, 아침, 1999.

이화승,《상인 이야기》, 행성, 2013.

인웨이尹偉,《호설암 정사胡雪岩 情事》, 북방문예출판사, 1998.

장룽張戎 · / John Holiday/이양자 역,《송경령 평전》, 지식산업사, 1992.

장밍린張明林 주편,《중국명인백전中國名人百傳》, 연합교육출판사, 2006.

장숙연/ 이덕모 역,《중국을 뒤흔든 불멸의 여인들》, 글누림, 2011.

장승수,《공부가 가장 쉬웠어요》, 김영사, 1996.

정관잉鄭觀應/이화승 역,《성세위언盛世危言》, 책세상, 2003.

정광호,《선비, 소신과 처신의 삶》, 눌와, 2003.

지세화 편저,《이야기 중국문학사(상, 하)》, 일빛, 2002.

지원순/표명렬 역,《현대 중국의 정치사상가》, 예전사, 1995.

지전화이季鎭淮/김이식 · 박정숙 역,《사마천 평전》, 글항아리, 2012.

쩌우지밍鄒紀孟/김재영 역,《권력규칙(1,2권)》, 한길사, 2006.

쩡다오曾道/한정은 역,《장사의 신, 호설암》, 해냄, 2004.

찌아원홍賈文紅/성연진 역,《중국인물열전》, 청년정신, 2010.

천퉁성陳棟生/김이식 · 박정숙 역,《역사의 혼, 사마천》, 글항아리, 2012.

천팅이陳廷一/이양자역,《송미령宋美齡 평전》, 한울, 2004.

최병철,《공자가 살아야 나라가 산다》, 시아출판, 1999.

펑위췬馮玉軍/김태경 역,《십족을 멸하라》, 에쎄, 2013.

푸원췬符文軍 · 왕페이홍王飛鴻 편저,《중국명인 미해지미中國名人 未解之謎》, 시사출판사, 2011.

피허우펑皮后鋒,《엄복대전嚴復大傳》, 복건인민출판사, 2003.

한유/고광민 역,《자를 테면 자르시오-한유 산문선》, 태학사, 2005.

황아이런黃艾仁,《후스와 중국명인(胡適與中國名人)》, 강소(江蘇)교육출판사, 1993.

홍문숙 · 홍정숙 엮음,《중국사를 움직인 100인》, 청아출판사, 2011.

후궈수胡國樞/강성현 역,《차이위안페이 평전》, 김영시, 2009.

후스胡適/한상덕 역,《상시집嘗試集》, 지식을 만드는 지식, 2013.

임동석 역해,《전국책》, 고려원, 1987.

Arthur Handerson Smith/민경삼 역,《중국인의 특성(Chinese Characteristics)》, 경향미디어, 2006.

Charles O Hucker/박지훈 · 박은화 · 이명화 역,《중국문화사》, 한길사, 1985.

H.G. Creel/이성규 역,《공자, 인간과 신화》, 지식산업사, 1088.

Iris Chang/김은령 역,《난징 대학살(The Rape of Nanking)》, 끌리오, 1999.

Israel Epstein/이양자 역,《20세기 중국을 빛낸 위대한 여성, 송경령(상,하)》, 한울, 2000.

Lloyd E. Eastman/민두기 역,《장제스蔣介石는 왜 패하였는가》, 지식산업사, 1986.

Ray Huang(黃仁宇)/권중달 역,《허드슨 강변에서 중국사를 이야기하다》, 푸른역사, 2001.

Thomas Carlyle/박상익 역,《영웅숭배론》, 한길사, 2003.

지은이 **강성현**

고려대학교에서 교육학 박사 학위를 받았다. 국역연수원(현 한국고전번역원)을 졸업하고, 고려대학교 교육문제연구소 연구원과 전 산시성 웨이난 사범대학교 교수로 재직했다. 《중국인은 누구인가》《21세기 한반도와 주변 4강대국》《동아시아 근대 교육사상가론》〈차이위안페이의 교육개혁과 실천운동 연구〉 등의 저서와 논문을 발표했으며, 역서로는 《차이위안페이 평전》이 있다.